일 빵 빵

속성문법 기초편 1

NEW 일빵빵 + 속성문법 기초편1

초판 제1쇄　　2024년 1월 1일

저자	서장혁
펴낸이	서장혁
편집	토마토출판사 편집부
표지디자인	이새봄
본문디자인	이새봄
주소	서울 마포구 양화로 161 727호
TEL	1544-5383
홈페이지	www.tomato4u.com
E-mail	support@tomato4u.com
등록	2012.1.11.
ISBN	979-11-92603-48-3 14740

일빵빵

속성
문법

기초편 1

1. 오랜 시간 잘못 잡힌 틀을 깨는 문법 강의

영어 회화나 시험영어가 필요할 때 그에 딱 맞는 적절한 영어 문법을 배울 기회가 없었거나, 배워도 수많은 예외 법칙으로 인해 그동안 문법 공부를 멀리 할 수밖에 없었던 학습자들을 위해, 무작정 외우지 않고도 쉽게 이해하여 실제 영어에 사용할 수 있도록 제대로 된 시각을 갖도록 훈련시켜 드립니다.

2. 혼동되기 쉬운 용어와 문법 주요 POINT 정리

'기초편'에서 제공되는 용어들은 우리가 문법을 공부할 때 꼭 필요한 표현들입니다. 그동안 문법 용어 자체가 어려워 중도에 포기했던 분들을 위해 용어 정리와 함께 각 문법의 POINT를 알기 쉽게 꼼꼼하게 비교 정리해 드립니다.

3. 문법 다지기 연습

매 강의마다 각 문법에 해당되는 '문법 다지기 연습' 부분을 제공합니다. 영어가 모국어가 아닌 한국인들이, 영어 문법을 바로바로 내 것으로 만들기 위해서는 대단한 인내가 필요합니다. 하지만 한 번 배운 문법이라도, 함정에 빠지기 쉬운 부분까지 직접 연습 문제로 실력을 다지면 문법에 대한 이해력과 실제 응용력이 바로바로 늘어날 수 있습니다.

4. PASSPORT (허가증)

일빵빵만의 상징인 PASSPORT 부분이 부활했습니다. 그동안 『입에 달고 사는 기초영어』에서만 스스로 평가해보거나, 지인들과의 스터디 모임에서 즐겨 활용했던 부분이 '속성 문법 PASSPORT'까지 새롭게 확장되었습니다. 다시 한번 기초편 1권에서 배운 내용을 토대로 총 100개의 문제를 통해 나의 문법 실력을 테스트해 보시고 지인들과 비교해 보시기 바랍니다.

이런 분들이
공부하시면 좋아요

기초편 1

영어를 처음 공부하시려는
초/중/고/성인분들

영어 문법을 제대로 공부할
기회가 없었던 분들

단기간에 **토익 점수 550점**을
목표로 하는 분들

각종 시험 합격을 위해
영어 점수를 단기간에 올려야 하는 분들

영어 회화 공부를 하면서 아직도
문법에는 자신이 없는 분들

저희 문법 강의를
공부할 수 있는 방법은 많습니다.

1. 유튜브로 공부할 경우

유튜브에서 '일빵빵'을 검색하시고 본 강의를 마음껏 공부하세요.

2. 어플로 공부할 경우

각종 스마트폰에서 기종에 관계없이 앱 스토어나 스토어 마켓에서
'렛츠일빵빵' 검색 후 해당 어플을 다운받으시면 본 강의부터 문법
다지기 연습 문제 해설 강의까지 편하게 공부할 수 있습니다.

3. 교재로만 공부할 경우

깨알같이 정리되어 있는 '기초편 단어, 해설집'을 이용해서 본 교재
순서대로 혼자 공부할 수도 있습니다. (먼저 강의는 한번 듣고 스
스로 학습하길 권합니다.)

자, 그러면 오랜만에 다 같이
다시 한번 공부를 시작해 볼까요?

일 빵 빵
속성
문법 기초편 1

NEW 일빵빵 속성 문법은

완전 기초부터 최고 수준의 문법까지 수십 개의 강의가
계속 진행됩니다.

영어 회화가 필요하신 분,
시험 영어가 필요하신 분,
기본 영어 개념이 필요하신 분까지

본인에게 필요한 파트만 하시면 충분합니다.

이제 여러분의 마지막 영어 문법 공부의 기회입니다.
건투를 빕니다.

2024년 겨울
저자 서 장혁 올림

기본 용어 정리

8품사	공통된 성질이 있는 단어의 종류	진도 과정
명사	우리 주변의 모든 사물의 이름	기초편
대명사	명사를 대신 나타내는 말	기초편
동사	주어의 행위를 나타내는 말	기초편
형용사	명사, 대명사를 꾸며주는 말	기초편
부사	동사, 형용사, 부사, 문장을 꾸며주는 말	-
전치사	명사 앞에서 장소, 시간, 방법등을 나타내거나 단어와 단어를 연결해주는 말	-
접속사	문장과 문장, 단어와 단어, 구와 구를 연결해주는 말	-
감탄사	문장의 의미를 풍부하게 해주기 위해 감탄하는 말	-

문장성분	영어 문장을 이루는 주요 요소	진도 과정
주어	문장의 주체이면서 동작의 주체 역할	기초편
서술어	주어의 동작이나 상태를 나타내는 역할	기초편
목적어	동작의 대상이 되는 역할	기초편
보어	주어나 목적어를 보충 설명해주는 역할	기초편
수식어	다른 문장 성분을 꾸며주는 역할	기초편

1강. [어순 정리를 해볼까요?]

주어(~은/는/이/가) + 서술어(~하다/이다) + 목적어(~을/를/에게)

• **용어정리** •

주어 문장에서 행위의 주체(~은/는/이/가) 역할을 하는 말

서술어 문장에서 주어의 행위(~하다/이다)를 표현하는 말

동사 유일하게 '서술어' 자리에서 주어의 행위를 일컫는 품사

목적어 문장에서 주어의 행위 대상(~을/를/에게) 역할을 하는 말

POINT 1. '주어' 다음에 반드시 '서술어' 즉, '동사'가 와야 한다.
2. 영어 문장에서 '주어'는 절대 생략할 수 없다.

---

1. '주어' 다음에 반드시 서술어 즉, '동사'가 와야 한다.

| 주의 | '주어' + '동사'는 항상 붙여준다.

나는 꽃을 좋아한다. = I flower like. (X)
주어 + 목적어 + 서술어(동사)　　　주어 + 목적어 + 동사

나는 + 좋아한다. = I + like.
주어 + 동사　　　주어 + 동사

나는 꽃을 좋아한다. = I like flower. (O)
주어 + 목적어 + 서술어(동사)　　　주어 + 동사 + 목적어

2. 영어 문장에서 '주어'는 절대 생략할 수 없다.

ㅣ주의ㅣ 한국어는 '주어'를 보통 생략해서 쓰기도 하지만, 영어는 '주어'를 무조건 넣어 줘야 한다.
회화에서 가장 많이 쓰는 '주어+동사' 10개의 문장을 연습해 보자.

1) ~ 마음에 들어. : I like ~

2) ~ 알겠어. : I understand ~ / I see.

3) ~ 가지고 있어. : I have ~

4) ~ 먹어. : I have ~ / I eat ~

5) ~ 필요해. : I need ~

6) ~인 것 같아. : I think ~

7) ~원해/~할래. : I want ~

8) ~하면 좋겠어./~하길 바라. : I wish ~

9) ~라고 말하는 거야. : I mean ~

10) ~를 바라. : I hope ~

다음 중 문장 순서를 바로 잡으시오.

001 I your car like.
(나는) 네 차 마음에 들어. =

002 you I understand.
(나는) 너 이해해. =

003 I money have.
(나는) 돈 있어. =

004 breakfast eat I.
(나는) 아침 먹어. =

005 I the book need.
(나는) 그 책 필요해. =

006 I the food is good think.
(나는) 그 음식 괜찮은 거 같아. =

007 the dog I want.
(나는) 그 강아지를 원해. =

008 I you a Merry Christmas wish.
(나는) 너의 즐거운 성탄절을 바라. =

009 I my friends mean.
(나는) 내 친구들을 말하는 거야. =

010 I so hope.
(나는) 그러기를 바라. =

다음 중 빈칸에 '주어(I)'와 '동사'를 골라 넣으시오.

| 예시 | mean / wish / hope / like / need / have / want / understand / think / eat

011 네 옷 색깔 마음에 들어.

_____ _____ your color.

012 이제 알겠어.

_____ _____ now.

013 질문 있는데요.

_____ _____ a question.

014 먹을 때 많이 먹어.

_____ _____ a lot.

015 도움이 필요해.

_____ _____ help.

016 그런 거 같아.

_____ _____ so.

017 더 할래요.

_____ _____ more.

018 이게 돈이면 좋겠어요.

_____ _____ this is money.

019 진심이라고.

_____ _____ it.

020 그거 괜찮기를 바라.

_____ _____ it's okay.

다음 중 문장 순서를 바로 잡으시오.

001 I your car like.
(나는) 네 차 마음에 들어. = I like your car.

002 you I understand.
(나는) 너 이해해. = I understand you.

003 I money have.
(나는) 돈 있어. = I have money.

004 breakfast eat I.
(나는) 아침 먹어. = I eat breakfast.

005 I the book need.
(나는) 그 책 필요해. = I need the book.

006 I the food is good think.
(나는) 그 음식 괜찮은 거 같아. = I think the food is good.

007 the dog I want.
(나는) 그 강아지를 원해. = I want the dog.

008 I you a Merry Christmas wish.
(나는) 너의 즐거운 성탄절을 바라. = I wish you a Merry Christmas.

009 I my friends mean.
(나는) 내 친구들을 말하는 거야. = I mean, my friends.

010 I so hope.
(나는) 그러기를 바라. = I hope so.

다음 중 빈칸에 '주어(I)'와 '동사'를 골라 넣으시오.

| 예시 | mean / wish / hope / like / need / have / want / understand / think / eat

011 네 옷 색깔 마음에 들어.

I like your color.

012 이제 알겠어.

I understand now.

013 질문 있는데요.

I have a question.

014 먹을 때 많이 먹어.

I eat a lot.

015 도움이 필요해.

I need help.

016 그런 거 같아.

I think so.

017 더 할래요.

I want more.

018 이게 돈이면 좋겠어요.

I wish this is money.

원래는 'I wish this was/were money'가 더 정확한 표현: 뒤에 가정법 강의에서 상세히 설명.

019 진심이라고.

I mean it.

020 그거 괜찮기를 바라.

I hope it's okay.

2강. [주어 자리에는 무엇이 올까?]

주어[명사(은/는/이/가)] + 서술어[동사]

• 용어정리 •

명사 우리 주변의 모든 '사물의 이름'을 일컫는 품사

> POINT 1. '명사'는 그 자체로 '주어'의 역할을 한다.
> 2. '명사'는 '셀 수 있는가, 셀 수 없는가'가 가장 큰 기준이 된다.
> 3. '명사'는 일반적으로 '보통명사/추상명사/물질명사'가 있다.

1. 보통명사 : '사물'을 지칭하며 셀 수 있는 명사 (개수)

| 주의 | '보통명사'는 가장 많이 쓰이며, 생물인지 무생물인지 구별하지 않는 명사이다.

book	car	pen	cat
책	자동차	펜	고양이
bag	bus	box	dish
가방	버스	상자	접시
city	lady	baby	boy
도시	숙녀	아가	소년

명사

2. 추상명사 : '사물' 이외의 것을 지칭하며 셀 수 없는 명사

| 주의 | '추상명사'는 주로 감정, 개념, 가치, 상태등과 관련된 명사이다.

사람의 감정	joy 기쁨	sadness 슬픔
	anger 분노	fear 두려움
	love 사랑	happiness 행복
개념 / 가치	friendship 우정	hope 희망
	luck 행운	success 성공
	freedom 자유	wisdom 지혜
	advice 충고	knowledge 지식
	value 가치	beauty 미
상태 / 기타	peace 평화	war 전쟁
	*time 시간	*money 돈

3. 물질명사 : '사물'을 지칭하며 단위를 사용해야만 셀 수 있는 명사 (수량)

| **주의** | '물질 명사'는 명사 자체만으로는 숫자로 셀 수가 없다.

액체류	water 물	coffee 커피
	tea 차	juice 주스
	milk 우유	wine 와인
	beer 맥주	
분말류	sugar 설탕	salt 소금
	rice 쌀	
제지류	paper 종이	
고체류 (식/의류)	bread 빵	ice 얼음
	cheese 치즈	meat 고기
	cloth 천	

| 주의 | '물질 명사'는 '단위'를 사용해서 세기 위해 앞에 '기본 단위'를 주로 붙여준다.

a cup of (~의) 한 잔 a glass of (~의) 한 잔 a bottle of (~의) 한 병	water 물
	coffee 커피
	tea 차
	juice 주스
	milk 우유
	wine 와인
	beer 맥주
a spoonful of (~의) 한 스푼	sugar 설탕
	salt 소금
a handful of (~의) 한 웅큼	rice 쌀
a sheet of (~의) 한 장	paper 종이
a slice of (~의) 칼로 썬 한 조각 a piece of (~의) 한 조각/덩어리	bread 빵
	ice 얼음
	cheese 치즈
	meat 고기
	cloth 천

다음 중 성질이 다른 명사 하나를 고르시오.

021 book / box / love / computer

_____

022 meat / sugar / wine / dish

_____

023 milk / value / cloth / ice

_____

024 war / city / hope / luck

_____

025 pen / desk / notebook / paper

_____

026 peace / bread / ice / rice

_____

027 time / joy / war / baby

_____

028 tea / cup / coffee / rice

_____

029 beer / cheese / time / cloth

_____

030 bottle / ice / bread / wine

_____

빈칸에 알맞은 단위를 다음 예시에서 있는 대로 골라 넣으시오.

| 예시 | a cup of / a glass of / a bottle of / a spoonful of / a handful of / a sheet of /
a slice of / a piece of

031 커피 한 잔

_____ coffee

032 차 한 잔

_____ tea

033 와인 한 잔

_____ wine

034 맥주 한 병

_____ beer

035 설탕 한 스푼

_____ sugar

036 쌀 한 줌

_____ rice

037 종이 한 장

_____ paper

038 빵 한 조각

_____ bread

039 얼음 한 조각

_____ ice

040 치즈 한 조각

_____ cheese

다음 중 성질이 다른 명사 하나를 고르시오.

021 book / box / love / computer

022 meat / sugar / wine / dish

023 milk / value / cloth / ice

024 war / city / hope / luck

025 pen / desk / notebook / paper

026 peace / bread / ice / rice

027 time / joy / war / baby

028 tea / cup / coffee / rice

029 beer / cheese / time / cloth

030 bottle / ice / bread / wine

빈칸에 알맞은 단위를 다음 예시에서 있는 대로 골라 넣으시오.

| 예시 | a cup of / a glass of / a bottle of / a spoonful of / a handful of / a sheet of / a slice of / a piece of

031 커피 한 잔

a cup of coffee

032 차 한 잔

a cup of tea

033 와인 한 잔

a glass of wine

034 맥주 한 병

a bottle of beer

035 설탕 한 스푼

a spoonful of sugar

036 쌀 한 줌

a handful of rice

037 종이 한 장

a sheet of / a piece of paper

038 빵 한 조각

a piece of / a slice of bread

039 얼음 한 조각

a piece of ice

040 치즈 한 조각

a piece of / a slice of cheese

3강. [주어 자리에는 무엇이 올까?]

주어[보통명사(단수/복수)] + 서술어[동사]

• 용어정리 •

단수 '명사'에서 '단수'는 하나를 의미하는 말
복수 '명사'에서 '복수'는 둘 이상을 의미하는 말

> **POINT** 1. '단수'를 의미하는 보통명사는 앞에 'a'를 붙여주며 '~ 한 개'라는 의미이다.
> 2. '복수'를 의미하는 보통명사는 뒤에 '-s'를 붙여주며 '~들/~여러 개' 라는 의미이다.
> 예외) '-s/-x/-sh/-ch'로 끝나는 보통명사의 복수형은 뒤에 's'대신 'es'를 붙여준다.
> 예외) 'y'로 끝나는 보통명사의 복수형은 뒤에 's'대신 'y'를 생략하고 그 자리에 'ies'를 붙여준다,

1. '보통명사'의 단수 / 복수 (-s)

| 주의 | '보통명사'의 단수는 명사 앞에 (a)를 붙이고 복수는 명사 뒤에 (-s)를 붙인다.

단수	복수	단수	복수
a book 책 한 권	books 책들	a car 자동차 한 대	cars 자동차들
a pen 펜 한 개	pens 펜들	a cat 고양이 한 마리	cats 고양이들
a bag 가방 한 개	bags 가방들	a computer 컴퓨터 한 대	computers 컴퓨터 여러 대

2. '보통명사'의 단수형 / 복수형 (-es)

| 주의 | 단어 끝이 's', 'x', 'sh', 'ch' 로 끝나면 뒤에 복수형 's'를 붙일 때 's' 발음이 겹치게 된다. 그래서 이런 경우는 (-es)를 붙인다.

단수	복수	단수	복수
a bus 버스 한 대	buses 버스 여러 대	a box 상자 한 개	boxes 상자들
a dish 접시 한 개	dishes 접시들	a bench 벤치 하나	benches 벤치들

3. '보통명사'의 단수형 / 복수형 (-ies)

| 주의 | 단어 끝이 'y' 로 끝나면 뒤에 복수형 's'를 붙일 때 'y'를 'i'로 바꾼 뒤, (-ies)를 붙인다. 단어 'boy'는 예외이다.

단수형	복수형	단수형	복수형
a city 도시 하나	cities 도시들	a lady 숙녀 한 명	ladies 숙녀들
a baby 아가 한 명	babies 아가들	a boy 소년 한 명	*boys 소년들

다음 빈칸에 들어갈 알맞은 단어를 고르시오.

041 책 한 권이 교실에 있다.
(a book / A book / Books) <u>is</u> in the classroom.

042 펜 한 개가 책상 위에 있다.
(A pens / Pen / A pen) <u>is</u> on the desk.

043 차 두 대가 주차장에 있다.
(A car / Cars / Two cars) <u>are</u> in the parking lot.

044 고양이 한 마리가 걷고 있다.
(Cats / A Cat / A cat) <u>is</u> walking.

045 버스들이 여기 정차한다.
(A bus / Buses / Busis) <u>stop</u> here.

046 상자들이 문 앞에 있다.
(Boxs / A Box / Boxes) <u>are</u> at the door.

047 숙녀 둘이서 웃고 있다.
(Two lady / Two ladys / Two ladies) <u>are</u> smiling.

048 두 명의 아가들이 서로 마주보고 있다.
(A baby / Two babys / Two babies) <u>see</u> each other.

049 소년 한 명이 버스를 타고 있다.
(A boy / a boy / Boy) <u>is</u> on the bus.

050 소년들이 뛰고 있다.
(Boys / Boies / Boyes) <u>are</u> running.

다음 문장 중 틀린 주어를 찾아 바르게 고치시오.

051 <u>a bag</u> is in the classroom.

_____

052 <u>A pen</u> is on the desk.

_____

053 <u>Cars two</u> are in the parking lot.

_____

054 <u>A Cat</u> is walking.

_____

055 <u>Busis</u> stop here.

_____

056 <u>A Boxes</u> are at the door.

_____

057 <u>Two lady</u> are smiling.

_____

058 <u>Three babys</u> see each other.

_____

059 <u>A boy</u> is on the bus.

_____

060 <u>Boyes</u> are running.

_____

다음 빈칸에 들어갈 알맞은 단어를 고르시오.

041 책 한 권이 교실에 있다.
(a book / A book / Books) is in the classroom.

042 펜 한 개가 책상 위에 있다.
(A pens / Pen / A pen) is on the desk.

043 차 두 대가 주차장에 있다.
(A car / Cars / Two cars) are in the parking lot.

044 고양이 한 마리가 걷고 있다.
(Cats / A Cat / A cat) is walking.

045 버스들이 여기 정차한다.
(A bus / Buses / Busis) stop here.

046 상자들이 문 앞에 있다.
(Boxs / A Box / Boxes) are at the door.

047 숙녀 둘이서 웃고 있다.
(Two lady / Two ladys / Two ladies) are smiling.

048 두 명의 아가들이 서로 마주보고 있다.
(A baby / Two babys / Two babies) see each other.

049 소년 한 명이 버스를 타고 있다.
(A boy / a boy / Boy) is on the bus.

050 소년들이 뛰고 있다.
(Boys / Boies / Boyes) are running.

다음 문장 중 틀린 주어를 찾아 바르게 고치시오.

051 <u>a bag</u> is in the classroom.
A bag

052 <u>A pen</u> is on the desk.
(O)

053 <u>Cars two</u> are in the parking lot.
Two cars

054 <u>A Cat</u> is walking.
A cat

055 <u>Busis</u> stop here.
Buses

056 <u>A Boxes</u> are at the door.
Boxes

057 <u>Two lady</u> are smiling.
Two ladies

058 <u>Three babys</u> see each other.
Three babies

059 <u>A boy</u> is on the bus.
(O)

060 <u>Boyes</u> are running.
Boys

4강. [주어 자리에는 무엇이 올까?]

주어[추상/물질명사(단수/복수)] + 서술어[동사]

● 용어정리 ●

단수 '명사'에서 '단수'는 하나를 의미하는 말

복수 '명사'에서 '복수'는 둘 이상을 의미하는 말

> POINT 1. 추상명사는 셀 수 없는 명사이므로 단수/복수의 개념이 없다.
> 2. 추상명사는 앞에 'a'나 'an'을 쓰지 않고 명사 자체만 주어로 올 수 있다.
> 3. 물질명사는 수량을 나타내므로 명사 자체로는 단수/복수로 표시하지 않는다.
> 4. 물질명사는 앞에 구체적인 단위를 붙여 개수로 바꾼 다음에 단수/복수로 표시한다.

1. '추상명사'의 단수 / 복수는 표현하지 않는다.

| 주의 | '추상명사'는 셀 수 없으므로 명사 앞에 (a)를 붙이는 단수표현도 명사 뒤에 (-s)를 붙이는 복수 표현도 필요없다.

Love changes everything.
사랑은 모든 것을 바꾼다.

Friendship is very precious.
우정은 매우 소중하다.

Time is money.
시간이 돈이다.

2. '물질명사'의 단수형 / 복수형 (단위를 복수형으로 바꾸어서 사용)

물질명사	단수형	복수형
water 물	a cup of water 물 한 잔	two cups of water 물 두 잔
coffee 커피	a cup of coffee 커피 한 잔	three cups of coffee 커피 세 잔
tea 차	a cup of tea 차 한 잔	four cups of tea 차 네 잔
juice 주스	a glass of juice 주스 한 잔	two glasses of juice 주스 두 잔
milk 우유	a glass of milk 우유 한 잔	three glasses of milk 우유 세 잔
wine 와인	a bottle of wine 와인 한 병	two bottles of wine 와인 두 병
beer 맥주	a bottle of beer 맥주 한 병	three bottles of beer 맥주 세 병

물질명사	*단수형	복수형
sugar 설탕	a spoonful of sugar 설탕 한 스푼	two spoonfuls of sugar 설탕 두 스푼
salt 소금	a spoonful of salt 소금 한 스푼	three spoonfuls of salt 소금 세 스푼
rice 쌀	a handful of rice 쌀 한 웅큼(줌)	two handfuls of rice 쌀 두 웅큼(잔)
paper 종이	a sheet of paper 종이 한 장	two sheets of paper 종이 두 장
bread 빵	a slice of bread 빵 한 조각	two slices of bread 빵 두 조각
ice 얼음	a piece of ice 얼음 한 조각	two pieces of ice 얼음 두 조각
cheese 치즈	a piece of cheese 치즈 한 조각	three pieces of cheese 치즈 세 조각
meat 고기	a piece of meat 고기 한 덩어리	four pieces of meat 고기 네 덩어리
cloth 천	a piece of cloth 천 한 조각	two pieces of cloth 천 두 조각

물질명사 단위		의미
액체류	a cup of	한 잔 (뜨거운 음료를 담는 컵)
	a glass of	한 잔 (차가운 음료를 담는 컵)
	a bottle of	한 병 (일반적인 유리병)
	a carton of	한 갑 (두꺼운 종이로 만든 상자)
분말류	a spoonful of	한 숟가락, 한 스푼
	a handful of	한 줌
	a pound of	1 파운드
	a bag of	한 봉지
종이류	a sheet of	한 장
	a piece of	한 장 (종이에도 사용)
고체류	a piece of	한 조각 (자르거나 나눈 부분)
	a slice of	한 조각 (칼로 얇게 썬 조각)
	a loaf of	한 덩어리
	a bar of	한 개 (비누나 금을 세는 단위)

다음 빈칸에 들어갈 알맞은 단어를 고르시오.

061 사랑은 모든 것을 바꾼다.
(A love / Loves / Love) changes everything.

062 자유는 공짜가 아니다.
(freedom / Freedom / A freedom) is not free.

063 시간은 돈이다.
(A time / Time / Times) is money.

064 희망은 좋은 것이다.
(hope / A hope / Hope) is a good thing.

065 우정은 매우 귀중한 것이다.
(a friendship / Friendship / Friendships) is very precious.

066 물 한 컵이 식탁위에 있다.
(a water / A cup of water / A cups of water) is on the table.

067 우유 세 잔이 부엌에 있다.
(three milk / Three glass of milks / Three glasses of milk) are in the kitchen.

068 종이 세 장이 서류철 안에 있다.
(three papers / Three sheet of papers / Three sheets of paper) are in the folder.

069 치즈 한 조각이 접시 위에 있다.
(A cheese / A cup of cheese / A piece of cheese) is on the plate.

070 고기 두 조각이 접시에 있다.
(Two meats / Two pieces of meats / Two pieces of meat) are on the dish.

다음 문장 중 틀린 주어를 바르게 고치시오.

071 Three cup of tea are on the desk.

_____

072 Two bottle of beers are in the shop.

_____

073 A bags of rice is in the grocery store.

_____

074 A carton of milks is in the living room.

_____

075 Two pound of sugar are in the kitchen.

_____

076 A loafs of bread is on the table.

_____

077 A Sugar is in the bottle.

_____

078 A pieces of meat is in the dish.

_____

079 Three papers are in the folder.

_____

080 A cup of cheese is on the plate.

_____

다음 빈칸에 들어갈 알맞은 단어를 고르시오.

061 사랑은 모든 것을 바꾼다.
(A love / Loves / Love) changes everything.

062 자유는 공짜가 아니다.
(freedom / Freedom / A freedom) is not free.

063 시간은 돈이다.
(A time / Time / Times) is money.

064 희망은 좋은 것이다.
(hope / A hope / Hope) is a good thing.

065 우정은 매우 귀중한 것이다.
(a friendship / Friendship / Friendships) is very precious.

066 물 한 컵이 식탁위에 있다.
(a water / A cup of water / A cups of water) is on the table.

067 우유 세 잔이 부엌에 있다.
(three milk / Three glass of milks / Three glasses of milk) are in the kitchen.

068 종이 세 장이 서류철 안에 있다.
(three papers / Three sheet of papers / Three sheets of paper) are in the folder.

069 치즈 한 조각이 접시 위에 있다.
(A cheese / A cup of cheese / A piece of cheese) is on the plate.

070 고기 두 조각이 접시에 있다.
(Two meats / Two pieces of meats / Two pieces of meat) are on the dish.

다음 문장 중 틀린 주어를 바르게 고치시오.

071 <u>Three cup of tea</u> are on the desk.
Three cups of tea

072 <u>Two bottle of beers</u> are in the shop.
Two bottles of beer

073 <u>A bags of rice</u> is in the grocery store.
A bag of rice

074 <u>A carton of milks</u> is in the living room.
A carton of milk

075 <u>Two pound of sugar</u> are in the kitchen.
Two pounds of sugar

076 <u>A loafs of bread</u> is on the table.
A loaf of bread

077 <u>A Sugar</u> is in the bottle.
A pound of sugar

078 <u>A pieces of meat</u> is in the dish.
A piece of meat

079 <u>Three papers</u> are in the folder.
Three sheets of paper

080 <u>A cup of cheese</u> is on the plate.
A piece of cheese

5강. [주어 자리에는 무엇이 올까?]

주어[관사 + 명사(단수/복수)] + 서술어[동사]

● 용어정리 ●

관사   명사 앞에 위치하면서 제한을 두는 말로서 '부정관사'와 '정관
사'가 있다.

부정관사   'a/an'이라고 표현하며 '하나의'라는 의미이다.

> **POINT**   1. '관사'가 없는 명사는 주로 '대표성'을 의미한다.
>   2. '부정관사'는 늘 '명사' 앞에 붙여준다.
>   3. '부정관사' 'a/an'은 '명사'의 '단수형' 앞에만 붙인다. (발음에 따라 a인지 an
>   인지 구분한다.)
>   - 'a' + 자음으로 시작하는 명사
>   - 'an' + 모음으로 시작하는 명사

1. 관사가 없는 명사

| 주의 | 단수형, 복수형이 필요치 않고 대표성을 의미한다.

Dog is my favorite animal.

강아지는 내가 가장 좋아하는 동물입니다.

I go to school.

나는 학교에 다닙니다. = 나는 학생입니다.

—— (부정)관사+명사

해당 강의 시청 ▸▸▸

2. 부정관사 'a'가 명사 앞에 붙을 때

| 주의 | 'a' 다음에 명사가 '자음'으로 시작하는 경우
  : 한글에서 'ㄱ,ㄴ,ㄷ,ㄹ,ㅁ,ㅂ,ㅅ,ㅇ,ㅈ,ㅊ,ㅋ,ㅌ,ㅍ,ㅎ'를 '자음'이라고 한다.

알파벳	자음발음	알파벳	자음발음	알파벳	자음발음
B	ㅂ	C	ㅆ, ㅋ	D	ㄷ
F	ㅍ와ㅎ의 중간	G	ㄱ, ㅈ	H	ㅎ
J	ㅈ	K	ㅋ	L	ㄹ
M	ㅁ	N	ㄴ	P	ㅍ
Q	ㅋ	R	ㄹ	S	ㅅ
T	ㅌ	V	ㅂ	*W	–
X	ㅆ	*Y	–	Z	ㅈ

<u>a</u> <u>c</u>ar 자동차 한 대 ('c'가 자음)

<u>a</u> <u>f</u>lower 꽃 한 송이 ('f'가 자음)

<u>a</u> <u>b</u>oy 소년 한 명 ('b'가 자음)

<u>a</u> <u>l</u>ady 숙녀 한 명 ('l'이 자음)

3. 부정관사 'an'이 명사 앞에 붙을 때

| 주의 | 'a' 다음에 명사가 '모음(a/e/i/o/u)'로 시작하는 경우
: 영어에서는 '아,에,이,오,우'로 소리나는 철자만 '모음'이라고 한다.

알파벳	자음 발음	알파벳	자음 발음	알파벳	자음 발음
A	아	E	에	I	이
O	오	U	우		

<u>an</u> apple 사과 한 개 ('a'가 모음)

<u>an</u> egg 달걀 한 개 ('e'가 모음)

<u>an</u> idea 아이디어 한 개 ('i'가 모음)

<u>an</u> orange 오렌지 한 개 ('o'가 자음)

<u>an</u> umbrella 우산 한 개 ('u'가 자음)

*4. '부정관사'가 명사 앞에 예외로 붙을 때 (주의할 것)

an hour 한 시간 / an honor 영광

Ⅰ **주의** Ⅰ 'h'를 발음하지 않기 때문에 모음 'o'로 시작한 것으로 본다.

an MBA 하나의 경영학 석사 / an MC 한 명의 진행자

Ⅰ **주의** Ⅰ 발음할 때 알파벳 읽는 소리로 발음하므로 모음으로 시작한 것으로 본다.
(MBA:엠비에이 MC:엠씨)

an HB 연필 HB / an F F 성적 한 과목

Ⅰ **주의** Ⅰ 발음할 때 알파벳 읽는 소리로 발음하므로 모음으로 시작한 것으로 본다.
(HB:에이치 F:에프)

*a word 단어 한 개

Ⅰ **주의** Ⅰ 'w'는 모음처럼 발음하는 것 같지만, 'a/e/i/o/u'에 없으므로 '자음'으로 본다.

*a year 1년

Ⅰ **주의** Ⅰ 'y'는 모음처럼 발음하는 것 같지만, 'a/e/i/o/u'에 없으므로 '자음'으로 본다.

*a university 하나의 대학교 /*a uniform 하나의 유니폼

Ⅰ **주의** Ⅰ 'u'는 '유'라고 발음할 때는 '이+우'라고 발음하는 걸로 간주해서 'y' 즉 '자음' 으로 본다.

다음 빈칸에서 알맞은 부정관사를 고르시오.

081 (a / an) orange

---

082 (a / an) pencil

---

083 (a / an) hour

---

084 (a / an) umbrella

---

085 (a / an) MBA

---

086 (a / an) word

---

087 (a / an) ID

---

088 (a / an) idea

---

089 (a / an) egg

---

090 (a / an) year

다음 문장 중 부정관사가 틀린 것을 찾아 바르게 고치시오.

091 A dog is my favorite animal.

_____

092 I go to school.

_____

093 An car is in the parking lot.

_____

094 A egg is in the box.

_____

095 An lady is waiting for the bus.

_____

096 A flower is in the garden.

_____

097 A umbrella is in the bag.

_____

098 A hour has sixty minutes.

_____

099 An year has twelve months.

_____

100 An uniform is missing.

_____

다음 빈칸에서 알맞은 부정관사를 고르시오.

081 (a / an) orange
an orange

082 (a / an) pencil
a pencil

083 (a / an) hour
an hour

084 (a / an) umbrella
an umbrella

085 (a / an) MBA
an MBA

086 (a / an) word
a word

087 (a / an) ID
an ID

088 (a / an) idea
an idea

089 (a / an) egg
an egg

090 (a / an) year
a year

다음 문장 중 부정관사가 틀린 것을 찾아 바르게 고치시오.

091 A dog is my favorite animal.

Dog

092 I go to school.

(O)

093 An car is in the parking lot.

A car

094 A egg is in the box.

An egg

095 An lady is waiting for the bus.

A lady

096 A flower is in the garden.

(O)

097 A umbrella is in the bag.

An umbrella

098 A hour has sixty minutes.

An hour

099 An year has twelve months.

A year

100 An uniform is missing.

A uniform

6강. [주어 자리에는 무엇이 올까?]

주어[(정)관사 + 명사(단수/복수)] + 서술어[동사]

• 용어정리 •

관사 명사 앞에 위치하면서 제한을 두는 말로서 '부정관사'와 '정관
사'가 있다.

정관사 'the'라고 표현하며 '바로 그'라는 의미이다.

POINT 1. '관사'가 없는 명사는 주로 '대표성'을 의미한다.
2. '정관사'는 늘 '명사' 앞에 붙여준다.
3. '정관사' 'the'는 '명사'의 '단수형' 혹은 '복수형'에 상관없이 둘 다 앞에 붙인다.

---

1. '관사가 없는 명사 / 부정관사 / 정관사' 의미 비교

flower : 꽃 (관사가 없는 경우)
➡ 지구상에 존재하는 모든 꽃을 의미함

a flower : 한 송이의 꽃 (부정관사 + 명사)
➡ 특정하지 않은 그냥 한 송이의 꽃을 의미함.

the flower : 바로 그 꽃 (정관사 + 명사)
➡ 유일하게 특정되는 바로 그 꽃을 의미함.

2. 정관사 'the'가 명사 앞에 붙을 때

| **주의** | 1. 앞에 나온 명사를 반복할 때　　2. 명사가 제한적인 상황에 놓여 있을 때
3. 서로 알고 있는 것을 지칭할 때　　4. 악기 이름 앞에서 정관사를 붙인다.

We have a car. The car is very expensive.

우리가 차가 한 대 있어. 그 차는 매우 비싸. (앞에 나온 명사를 반복할 때)

I have a flower. The flower is a rose.

나는 꽃 한 송이 가지고 있어. 그 꽃은 장미야. (앞에 나온 명사를 반복할 때)

I want the book on the table.

나는 책상 위에 그 책을 원해. (명사가 제한적인 상황에 놓여 있을 때)

The flower in the garden is very beautiful.

정원 안의 그 꽃이 참 아름답다. (명사가 제한적인 상황에 놓여 있을 때)

Open the door.

문 좀 열어. (서로 알고 있는 것을 지칭할 때)

Look at the window.

창문 좀 봐 봐. (서로 알고 있는 것을 지칭할 때)

I play the piano.

나는 피아노를 연주한다. (악기 이름 앞에서)

We play the violin well.

우리는 바이올린 연주를 잘한다. (악기 이름 앞에서)

다음 빈칸에서 알맞은 관사를 고르시오.

101 한 개의 오렌지
(a / an / the) orange

102 바로 그 연필
(a / an / the) pencil

103 한 시간
(a / an / the) hour

104 한 개의 우산
(a / an / the) umbrella

105 하나의 MBA 석사
(a / an / the) MBA

106 단어 하나
(a / an / the) word

107 ID 한 개
(a / an / the) ID

108 바로 그 아이디어
(a / an / the) idea

109 달걀 한 개
(a / an / the) egg

110 일 년
(a / an / the) year

다음 빈칸에서 알맞은 단어를 고르시오.

111 (A pen / The pen / Pen) is on the desk.
펜 하나가 책상 위에 있다.

112 (A pen / The pen / Pen) on the desk is red.
책상 위의 펜이 빨간 색이다.

113 (A flower / Flower / Flowers) bloom in the spring.
꽃은 봄에 핀다.

114 (A flower / The flower / Flowers) in the garden is very beautiful.
정원의 꽃이 아름답다.

115 (Dogs / A dog / the dogs) are running in the playground.
강아지들이 운동장에서 뛰어 다닌다.

116 (Dogs / A dog / The dog) in the playground is barking.
운동장의 강아지가 짖는다.

117 Open (a door / door / the door).
문 좀 열어.

118 Look at (window / a window / the window).
창문 좀 봐.

119 (Year / A year / An year) has 365 days.
1년은 365일이다.

120 (Hour / A hour / An hour) has 60 minutes.
1시간은 60분이다.

다음 빈칸에서 알맞은 관사를 고르시오.

101 한 개의 오렌지
(a / an / the) orange

102 바로 그 연필
(a / an / the) pencil

103 한 시간
(a / an / the) hour

104 한 개의 우산
(a / an / the) umbrella

105 하나의 MBA 석사
(a / an / the) MBA

106 단어 하나
(a / an / the) word

107 ID 한 개
(a / an / the) ID

108 바로 그 아이디어
(a / an / the) idea

109 달걀 한 개
(a / an / the) egg

110 일 년
(a / an / the) year

다음 빈칸에서 알맞은 단어를 고르시오.

111 (A pen / The pen / Pen) is on the desk.
펜 하나가 책상 위에 있다.

112 (A pen / The pen / Pen) on the desk is red.
책상 위의 펜이 빨간 색이다.

113 (A flower / Flower / Flowers) bloom in the spring.
꽃은 봄에 핀다.

114 (A flower / The flower / Flowers) in the garden is very beautiful.
정원의 꽃이 아름답다.

115 (Dogs / A dog / the dogs) are running in the playground.
강아지들이 운동장에서 뛰어 다닌다.

116 (Dogs / A dog / The dog) in the playground is barking.
운동장의 강아지가 짖는다.

117 Open (a door / door / the door).
문 좀 열어.

118 Look at (window / a window / the window).
창문 좀 봐.

119 (Year / A year / An year) has 365 days.
1년은 365일이다.

120 (Hour / A hour / An hour) has 60 minutes.
1시간은 60분이다.

주어[인칭대명사] + 서술어[동사]

• 용어정리 •

인칭대명사 말하는 주체를 중심으로 1인칭, 2인칭, 3인칭으로 나뉘는 대명사

> **POINT** 1. '인칭대명사'는 그 자체로 '주어'의 역할을 한다.
> 2. '인칭대명사' 앞에는 '관사'를 붙이지 않는다.
> 3. '1인칭 대명사'는 말하는 주체가 '나(I)', '우리(we)' 등을 의미한다.
> 4. '2인칭 대명사'는 듣는 주체가 '너(you)', '너희들(you)' 등을 의미한다.
> 5. '3인칭 대명사'는 말하고 듣는 주체가 아닌 제 3의 주체로서 '그(he)', 그녀 (she), 그것(it), 그들(they)등을 의미한다.

1. 말하는 주체를 중심으로 하는 '1인칭대명사' - 단수 : I (나는)

| 주의 | 'I'는 단수이지만 동사 뒤에 (-s)를 붙이지 않는다.

I eat breakfast.
나는 아침을 먹는다.

I want the dog.
나는 그 강아지를 원한다.

I see the doctor.
나는 의사를 본다. = 나는 진찰을 받는다.

I go to school.
나는 학교에 간다. = 나는 학생이다.

2. 말하는 주체를 중심으로 하는 '1인칭대명사' - 복수 : We (우리는)

| 주의 | 'I'를 포함한 '우리는'은 (We)라는 인칭대명사로 바꿀 수 있다.

<u>Luka and I</u> eat breakfast.

Luka와 나는 아침을 먹는다.

= <u>We</u> eat breakfast.

<u>우리는</u> 아침을 먹는다.

<u>Luka, Hazel and I</u> want the dog.

Luka, Hazel 그리고 나는 그 강아지를 원한다.

= <u>We</u> want the dog.

<u>우리는</u> 그 강아지를 원한다.

3. 듣는 주체를 중심으로 하는 '2인칭대명사' - 단수 : You (너는/당신은)

| 주의 | 'You'는 단수이지만 동사 뒤에 (-s)를 붙이지 않는다.

<u>You</u> eat breakfast.

<u>너는</u> 아침을 먹는다.

<u>You</u> want the dog.

<u>너는</u> 그 강아지를 원한다.

4. 듣는 주체를 중심으로 하는 '2인칭대명사' - 복수 : You (너희들은/당신들은)

| 주의 | 'You'를 포함한 '너희들은'은 (You)라는 인칭대명사로 바꿀 수 있다.

You and Luka eat breakfast.

너와 Luka는 아침을 먹는다.

You eat breakfast.

너희들은 아침을 먹는다.

5. 나와 듣는 상대방이 아닌 '3인칭대명사' - 단수 : He, She, It (그는, 그녀는, 그것은)

| 주의 | 그 남자를 의미하는 3인칭대명사는 '그는(He)'라고 표현한다.

Luka eats breakfast.

Luka는 아침을 먹는다.

= He eats breakfast.

그는 아침을 먹는다.

| 주의 | 그 여자를 의미하는 3인칭대명사는 '그녀는(She)'라고 표현한다.

Hazel wants the dog.

Hazel은 그 강아지를 원한다.

= She wants the dog.

그녀는 그 강아지를 원한다.

The car is very nice.
그 자동차는 정말 멋있다.

= It is very nice.
그것은 정말 멋있다.

6. 나와 듣는 상대방이 아닌 '3인칭대명사' - 복수 : They (그들은/그것들은)
| 주의 | 나와 상대방이 아닌 경우 복수형의 경우 '그들은(They)'라고 표현하며 동사 뒤에 (-s)를 붙이지 않는다.

He and Hazel go to school.
그와 Hazel은 학생이다.

= They go to school.
그들은 학생이다.

She and Aaron study Korean.
그녀와 Aaron은 한국어를 공부한다.

= They study Korean.
그들은 한국어를 공부한다.

They are cookies.
그것들은 과자들이다.

다음 빈칸에서 알맞은 단어를 고르시오.

121 (I / We / He) eats breakfast.

_____

122 (You / He / She) want the dog.

_____

123 (Ruth / He / Ruth and I) need the book.

_____

124 (Amy / I / Amy and I) likes the flower.

_____

125 (He / She / He and she) are in the street.

_____

126 (He / She / They) eat a lot.

_____

127 (I / Sofia / She) have a question.

_____

128 (Sunny / Rachel / Sunny and Rachel) make the cake.

_____

129 (She / Stella / She and I) study English.

_____

130 (Joe / I / Joe and I) drinks beer.

_____

다음 빈칸에서 알맞은 단어를 고르시오.

131 Jack reads the book.
(I / He / They) reads the book.

132 Jane makes the cake.
(I / You / She) makes the cake.

133 Kate and Lucia like the flower.
(We / You / They) like the flower.

134 she and Julian drink milk.
(She / You / They) drink milk.

135 He and she want the dog.
(They / You / We) want the dog.

136 Janice and I meet today.
(She / We / They) meet today.

137 Kate, Lucia and I eat breakfast.
(We / You / They) eat breakfast.

138 You and I study English.
(You / We / They) study English.

139 You and Mia go to school.
(You / We / They) go to school.

140 They and I know each other.
(They / We / I) know each other.

다음 빈칸에서 알맞은 단어를 고르시오.

121 (I / We / He) eats breakfast.

_____

122 (You / He / She) want the dog.

_____

123 (Ruth / He / Ruth and I) need the book.

_____

124 (Amy / I / Amy and I) likes the flower.

_____

125 (He / She / He and she) are in the street.

_____

126 (He / She / They) eat a lot.

_____

127 (I / Sofia / She) have a question.

_____

128 (Sunny / Rachel / Sunny and Rachel) make the cake.

_____

129 (She / Stella / She and I) study English.

_____

130 (Joe / I / Joe and I) drinks beer.

_____

다음 빈칸에서 알맞은 단어를 고르시오.

131 Jack reads the book.
(I / He / They) reads the book.

132 Jane makes the cake.
(I / You / She) makes the cake.

133 Kate and Lucia like the flower.
(We / You / They) like the flower.

134 she and Julian drink milk.
(She / You / They) drink milk.

135 He and she want the dog.
(They / You / We) want the dog.

136 Janice and I meet today.
(She / We / They) meet today.

137 Kate, Lucia and I eat breakfast.
(We / You / They) eat breakfast.

138 You and I study English.
(You / We / They) study English.

139 You and Mia go to school.
(You / We / They) go to school.

140 They and I know each other.
(They / We / I) know each other.

8강. [주어 자리에는 무엇이 올까?]

주어[소유격+명사] + 서술어[동사]

• 용어정리 •

소유격 뒤의 오는 명사의 소유를 나타내는 말

POINT 1. '주어' 자리에 '인칭대명사'와 '명사'를 함께 써야 할 때 '소유격 + 명사'로 쓴다.
   *2. '소유격'은 '~의' 라는 의미이므로 그 자체로 '주어'의 역할을 하지 못 한다.
   *3. '소유격'은 '관사'와 같이 쓸 수 없다.
   4. '소유격+명사'가 주어일 경우는 뒤에 있는 명사가 주어의 핵심이다.
   5. '1인칭 대명사 소유격'은 '나의(my), 우리의(our)' 를 쓴다.
   6. '2인칭 대명사 소유격'은 '너의(your), 너희들의(your)'를 쓴다.
   7. '3인칭 대명사 소유격'은 '그의(his), 그녀(her), 그것(its), 그들(their)'를 쓴다.

1. 1인칭 대명사의 소유격 - 단수 : My (나의/내)

| 주의 | '나의(My)'는 뒤의 명사에 따라 단수형, 복수형이 결정된다.

My brother drinks milk.
나의 동생은 우유를 마신다. - brother 이 단수

My brothers drink milk.
나의 동생들은 우유를 마신다. - 'brothers'가 복수이므로 동사도 's'를 붙이지 않는다.

My brothers drink milk in the morning.
나의 동생들은 아침에 우유를 마신다.

2. 1인칭 대명사의 소유격 - 복수 : Our (우리의/우리)

| **주의** | '우리의(Our)'는 뒤의 명사에 따라 단수형, 복수형이 결정된다.

Our sister makes the cake.

우리의 여동생은 케이크를 만든다.

Our sisters make the cake.

우리의 여동생들은 케이크를 만든다. – 'sisters'가 복수이므로 동사도
's'를 붙이지 않는다.

Our sisters make the cake every weekend.

우리의 여동생들은 주말마다 케이크를 만든다.

3. 2인칭 대명사의 소유격' - 단수 : Your (너의/네)

| **주의** | '너의(Your)'는 뒤의 명사에 따라 단수형, 복수형이 결정된다.

Your friend eats breakfast.

네 친구는 아침을 먹는다.

Your friends eat breakfast.

네 친구들은 아침을 먹는다. – 'friends'가 복수이므로 동사도 's'를 붙
이지 않는다.

Your friends eat breakfast every morning.

네 친구들은 매일 아침을 먹는다.

4. 2인칭 대명사의 소유격 - 복수 : Your (너희들의/너희들)

| **주의** | '너희들의(Your)'는 뒤의 명사에 따라 단수형, 복수형이 결정된다.

<u>Your teacher</u> writes the answer.

너희들(의) 선생님이 정답을 쓰신다.

<u>Your teachers</u> write the answer.

너희들(의) 선생님들이 정답을 쓰신다. - 'teachers'가 복수이므로 동사도 's'를 붙이지 않는다.

<u>Your teachers</u> write the answer on the board.

너희들(의) 선생님들이 칠판에 정답을 쓰신다.

5. 3인칭 대명사의 소유격 - 단수 : His, Her, Its (그의/그녀의/그것의)

| **주의** | '그 남자'를 의미하는 3인칭 대명사 소유격은 '그의(His)' 라고 표현한다.

<u>His client</u> comes in the morning.

그의 고객은 아침에 온다.

<u>His clients</u> come in the morning.

그의 고객들은 아침에 온다. - 'clients'가 복수이므로 동사도 's'를 붙이지 않는다.

| **주의** | '그 여자'를 의미하는 3인칭 대명사 소유격은 '그녀의(Her)' 라고 표현한다.

<u>Her uncle</u> speaks English.

그녀(의) 삼촌은 영어를 할 줄 안다.

<u>Her uncles</u> speak English.

그녀(의) 삼촌들은 영어를 할 줄 안다. - 'uncles'가 복수이므로 동사도 's'를 붙이지 않는다.

Its name is very important.
그것의 이름은 매우 중요하다.

6. 나와 상대방이 아닌 '소유격' - 복수 : Their (그들의/그들)

Their dog barks.
그들(의) 강아지가 짖는다.

Their dogs bark.
그들(의) 강아지들이 짖는다. - 'dogs'가 복수이므로 동사도 's'를 붙이지 않는다.

Their dogs bark at night.
그들(의) 강아지들이 밤에 짖는다.

Their student reads the book.
그들의 학생이 책을 읽는다.

Their students read the book.
그들의 학생들이 책을 읽는다. - 'students'가 복수이므로 동사도 's'를 붙이지않는다.

Their students read the book in the class.
그들의 학생들이 교실에서 책을 읽는다.

다음 밑줄 친 부분을 알맞은 '소유격+명사' 형태로 고치시오.

141 <u>I book</u> is on the desk.

_____

142 <u>You cars</u> are in the parking lot.

_____

143 <u>He dog</u> is barking.

_____

144 <u>She clients</u> come in the morning.

_____

145 <u>They brother</u> drinks coffee in the morning.

_____

146 <u>I friends</u> eat breakfast every morning.

_____

147 <u>You sister</u> makes the cake every weekend.

_____

148 <u>He teachers</u> write the answer on the board.

_____

149 <u>She student</u> reads the book.

_____

150 <u>They uncles</u> speak English.

_____

다음 빈칸에서 맞는 단어를 고르시오.

151 (My a book / A my book / Book / A book)
is on the desk.

152 (Car / You car / Your car / Your cars)
are in the parking lot.

153 (A his dog / He dog / Dogs / His dog)
is barking.

154 (She client / Her clients / A clients / The client)
come in the morning.

155 (They / A brothers / They brother / Their brother)
drinks coffee in the morning.

156 (A friends / The friend / Their friend / His friends)
eat breakfast every morning.

157 (You sister / Your sister / The your sister / A your sister)
makes the cake every weekend.

158 (Teacher / A teacher / He teachers / His teachers)
write the answer on the board.

159 (Students / The she student / She student / Her student)
reads the book.

160 (They uncles / The their uncles / Their uncle / Their
uncles) speak English.

다음 밑줄 친 부분을 알맞은 '소유격+명사' 형태로 고치시오.

141 I book is on the desk.

My book

142 You cars are in the parking lot.

Your cars

143 He dog is barking.

His dog

144 She clients come in the morning.

Her clients

145 They brother drinks coffee in the morning.

Their brother

146 I friends eat breakfast every morning.

My friends

147 You sister makes the cake every weekend.

Your sister

148 He teachers write the answer on the board.

His teachers

149 She student reads the book.

Her student

150 They uncles speak English.

Their uncles

다음 빈칸에서 맞는 단어를 고르시오.

151 (My a book / A my book / Book / A book)
is on the desk.

152 (Car / You car / Your car / Your cars)
are in the parking lot.

153 (A his dog / He dog / Dogs / His dog)
is barking.

154 (She client / Her clients / A clients / The client)
come in the morning.

155 (They / A brothers / They brother / Their brother)
drinks coffee in the morning.

156 (A friends / The friend / Their friend / His friends)
eat breakfast every morning.

157 (You sister / Your sister / The your sister / A your sister)
makes the cake every weekend.

158 (Teacher / A teacher / He teachers / His teachers)
write the answer on the board.

159 (Students / The she student / She student / Her student)
reads the book.

160 (They uncles / The their uncles / Their uncle / Their uncles) speak English.

주어[지시대명사] + 서술어[동사]

• 용어정리 •

지시대명사 '사람'이나 '사물'을 대신 지칭하는 말

> **POINT** 1. '지시대명사'는 그 자체로 '주어'의 역할을 한다.
> 2. '지시대명사'는 주로 위치(가까운 위치/먼 위치)에 따라 구분한다.
> 3. '지시대명사'는 수(단수형/복수형)에 따라 구분한다.

1. 가까운 위치를 중심으로 한 '지시대명사' - 단수 : This (이것은/이 분은)

| 주의 | '이것(This)'은 '단수 사물' 혹은 '사람'을 의미하며 단수형 동사(-s)와 함께 온다.

This is the book.
이것은 그 책이다. : 사물을 지칭

This is my book.
이것은 나의 책이다. : 사물을 지칭

*This is Silvia. (옆에 사람 소개할 때/통화할 때)
이분은 Silvia입니다. : 사람을 지칭

*This is Jack.
이분은 Jack입니다. : 사람을 지칭

2. 가까운 위치를 중심으로 한 '지시대명사'- 복수 : These (이것들은/이들은)

| 주의 | '이것들, 이들(These)'은 '복수 사물' 혹은 '사람'을 의미하며 복수 취급을 한다.

These are the books.

이것들은 바로 그 책들이다. : 사물을 지칭

These are my friends.

이들은 나의 친구들입니다. : 사람을 지칭

3. 먼 위치를 중심으로 한 '지시대명사' - 단수 : That (저것은/저 분은)

| 주의 | '저것은, 저 분은(That)'는 '단수 사물' 혹은 '사람'을 의미하며 단수형 동사(-s)와 함께 온다.

That is my style.

저것은 나의 스타일이다. : 사물을 지칭

That is my teacher.

저분은 나의 선생님입니다. : 사람을 지칭

4. 먼 위치를 중심으로 한 '지시대명사' - 복수 : Those (저것들은/저들은)

| 주의 | '저것들, 저들은(Those)'는 '복수 사물' 혹은 '사람'을 의미하며 복수 취급을 한다.

Those are my keys.

저것들은 나의 열쇠들이다. : 사물을 지칭

Those are my students.

저들은 나의 학생들입니다. : 사람을 지칭

다음 빈칸 안에 알맞은 '지시대명사'를 고르시오.

161 (This / These / They) is the book.

_____

162 (They / Those / That) is my style.

_____

163 (Those / This / It) are my keys.

_____

164 (This / These / It) are my friends.

_____

165 (That / Those / It) are my students.

_____

166 (This / These / Those) is John.

_____

167 (It / Their / Those) are my parents.

_____

168 (That / Those / These) is my manager.

_____

169 (That / Those / It) are my clients.

_____

170 (This / Those / They) is my father.

_____

다음 밑줄 친 단어 대신 들어갈 알맞은 '대명사'를 고르시오.

171 His car is red.
(It / They / He)

172 Their cars are in the parking lot.
(It / This / They)

173 Jack is my manager.
(They / We / He)

174 Her book is on the desk.
(His / Her / It)

175 His students are in the classroom.
(He / They /This)

176 The teachers are at the door.
(He / It / They)

177 Alice is my friend.
(These / They / She)

178 This tie is my style.
(They / These / It)

179 My dogs bark at night.
(It / They / We)

180 Jane and Nick have English class.
(We / You / They)

다음 빈칸 안에 알맞은 '지시대명사'를 고르시오.

161 (This / These / They) is the book.

162 (They / Those / That) is my style.

163 (Those / This / It) are my keys.

164 (This / These / It) are my friends.

165 (That / Those / It) are my students.

166 (This / These / Those) is John.

167 (It / Their / Those) are my parents.

168 (That / Those / These) is my manager.

169 (That / Those / It) are my clients.

170 (This / Those / They) is my father.

다음 밑줄 친 단어 대신 들어갈 알맞은 '대명사'를 고르시오.

171 <u>His car</u> is red.
(It / They / He)

172 <u>Their cars</u> are in the parking lot.
(It / This / They)

173 <u>Jack</u> is my manager.
(They / We / He)

174 <u>Her book</u> is on the desk.
(His / Her / It)

175 <u>His students</u> are in the classroom.
(He / They /This)

176 <u>The teachers</u> are at the door.
(He / It / They)

177 <u>Alice</u> is my friend.
(These / They / She)

178 <u>This tie</u> is my style.
(They / These / It)

179 <u>My dogs</u> bark at night.
(It / They / We)

180 <u>Jane and Nick</u> have English class.
(We / You / They)

10강. [주어 자리에는 무엇이 올까?]

주어[지시형용사+명사] + 서술어[동사]

● 용어정리 ●

형용사 명사를 꾸미는 역할을 하는 품사

지시형용사 지시대명사가 명사 앞에 위치해서 그 명사를 꾸며주는 역
할을 하는 형용사

POINT 1. '지시형용사'는 뒤에 '명사'와 함께 쓰여 '주어'의 역할을 할 수 있다.
2. '지시형용사'는 주로 위치(가까운 위치/먼 위치)에 따라 구분한다.
3. '지시형용사'는 수(단수형/복수형)에 따라 구분한다.
4. '지시형용사'는 뒤의 '명사'와 단수/복수를 맞춘다.

---

1. 가까운 위치를 중심으로 한 '지시형용사' - 단수 : This + 명사

| 주의 | 지시형용사 '이것(This)'은 '명사'앞에서 그 명사를 꾸미는 역할을 한다.

This is the book.
이것은 그 책이다. : 지시대명사

This book is my textbook.
이 책은 내 교과서이다. : 지시형용사

This is Silvia.
이 분은 Silvia입니다. : 지시대명사

This lady is Silvia.
이 숙녀 분은 Silvia입니다. : 지시형용사

2. 가까운 위치를 중심으로 한 '지시대명사'-복수 : These + 명사

| **주의** | 지시형용사 '이것들(These)'은 '명사'앞에서 그 명사를 꾸미는 역할을 한다.

These are our books.
이것들은 우리의 책들이다. : 지시대명사

These books are very expensive.
이 책들은 매우 비싸다. : 지시형용사

3. 먼 위치를 중심으로 한 '지시대명사' - 단수 : That + 명사

| **주의** | 지시형용사 '저것은(That)'는 '명사'앞에서 그 명사를 꾸미는 역할을 한다.

That is my car.
저것은 나의 차다. : 지시대명사

That car is red.
저 차는 빨간색이다. : 지시형용사

4. 먼 위치를 중심으로 한 '지시대명사' - 복수 : Those + 명사

| **주의** | 지시형용사 '저것들(Those)'은 '명사'앞에서 그 명사를 꾸미는 역할을 한다.

Those are my keys.
저것들은 나의 열쇠이다. : 지시대명사

Those keys are on the table.
저 열쇠들은 책상 위에 있다. : 지시형용사

다음 빈칸 안에 알맞은 '지시형용사'를 고르시오.

181 (This / These / They) book is on the desk.

_____

182 (They / That / It) lady is in the room.

_____

183 (These / They / That) car is blue.

_____

184 (This / These / It) houses are old.

_____

185 (They / Those / It) students study Korean.

_____

186 (This / These / Those) man is John.

_____

187 (It / This / These) ladies are my aunts.

_____

188 (That / Those / These) boy is my son.

_____

189 (They / Those / It) keys are on the table.

_____

190 (These / They / It) babies sleep well.

_____

다음 밑줄 친 단어 대신 들어갈 알맞은 '지시형용사'를 고르시오.

191 <u>His</u> car is red.
(This / These / Those)

192 <u>Their</u> cars are in the parking lot.
(They / Those / This)

193 <u>Her</u> student is my manager.
(They / We / This)

194 <u>Her</u> book is on the desk.
(She / It / That)

195 <u>Your</u> apples are sweet.
(They / This / These)

196 <u>Their</u> students are at the door.
(This / It / Those)

197 <u>Her</u> teacher is my friend.
(These / That / She)

198 <u>Your</u> tie is my style.
(They / These / This)

199 <u>My</u> client is from Japan.
(I / He / This)

200 <u>Her</u> students have English class.
(That / Those / She)

다음 빈칸 안에 알맞은 '지시형용사'를 고르시오.

181 (This / These / They) book is on the desk.

---

182 (They / That / It) lady is in the room.

---

183 (These / They / That) car is blue.

---

184 (This / These / It) houses are old.

---

185 (They / Those / It) students study Korean.

---

186 (This / These / Those) man is John.

---

187 (It / This / These) ladies are my aunts.

---

188 (That / Those / These) boy is my son.

---

189 (They / Those / It) keys are on the table.

---

190 (These / They / It) babies sleep well.

다음 밑줄 친 단어 대신 들어갈 알맞은 '지시형용사'를 고르시오.

191 <u>His</u> car is red.
(This / These / Those)

192 <u>Their</u> cars are in the parking lot.
(They / Those / This)

193 <u>Her</u> student is my manager.
(They / We / This)

194 <u>Her</u> book is on the desk.
(She / It / That)

195 <u>Your</u> apples are sweet.
(They / This / These)

196 <u>Their</u> students are at the door.
(This / It / Those)

197 <u>Her</u> teacher is my friend.
(These / That / She)

198 <u>Your</u> tie is my style.
(They / These / This)

199 <u>My</u> client is from Japan.
(I / He / This)

200 <u>Her</u> students have English class.
(That / Those / She)

11강. [서술어 자리에는 무엇이 올까?]

주어 + 서술어[be동사]

• 용어정리 •

be동사   주어의 존재나 상태를 알려주는 동사

POINT   1. 주어로 오는 명사가 단수일 경우 be동사의 기본형은 'is'를 쓴다.
         2. 주어로 오는 명사가 복수일 경우 be동사의 기본형은 'are'을 쓴다.
         3. 주어로 오는 인칭대명사가 1인칭 단수일 경우 be동사의 기본형은 'am'을 쓴다.
         4. 주어로 오는 인칭대명사가 2인칭 혹은 복수일 경우 be동사의 기본형은 'are'을 쓴다.
         5. 주어로 오는 인칭대명사가 3인칭 단수일 경우 'is', 복수일 경우는 'are'을 쓴다.
         6. '인칭대명사'가 주어로 올 때 be동사를 줄여서 (주어)'be동사 로 표시하기도 한다.

1. '보통명사'가 주어일 경우 'be동사'

| 주의 | 'be동사'는 '~입니다. / ~있습니다.' 의 의미로 사용된다.
        '주어'가 단수이면 (is), 복수이면 (are)을 사용한다.

The car <u>is</u> red.

그 차는 빨간색<u>이다</u>. : 주어가 단수

The cars <u>are</u> on sale.

그 차들은 판매 중<u>이다</u>. : 주어가 복수

A student <u>is</u> in the classroom.

한 학생이 교실에 <u>있다</u>. : 주어가 단수

The students <u>are</u> in the room.

그 학생들이 방에 <u>있다</u>. : 주어가 복수

2. '추상명사'가 주어일 경우 'be동사'

| 주의 | '추상명사'는 복수형이 없으며 단수 취급만 해서 무조건 동사는 (is)를 사용한다.

Time <u>is</u> money.

시간은 돈이다. : 단수, 복수의 개념은 없지만 단수 취급

<u>Love</u> <u>is</u> in our hearts.

사랑은 우리 마음에 있다. : 단수, 복수의 개념은 없지만 단수 취급

3. '물질명사'가 주어일 경우 'be동사'

| 주의 | '물질명사'는 앞에 단위를 붙여서 단수(is)와 복수(are)를 구별한다.

A cup of <u>coffee</u> <u>is</u> 3 dollars.

커피 한 잔은 3 달러이다. : 단위를 써서 단수 취급

<u>Two cups</u> of <u>coffee</u> <u>are</u> on the table.

커피 두 잔이 테이블 위에 있다. : 단위를 써서 복수 취급

A bottle of <u>beer</u> <u>is</u> very cheap.

맥주 한 병은 매우 싸다. : 단위를 써서 단수 취급

<u>Three bottles</u> of <u>beer</u> <u>are</u> in the box.

맥주 세 병이 상자 안에 있다. : 단위를 써서 복수 취급

4. '인칭대명사'가 주어일 경우 'be동사'

| **주의** | '인칭대명사'는 각각 알맞은 'be동사' 형태가 있다.

인칭대명사(단수)	be동사	
I (나는)	am	
You (너는)	are	
He (그는)	is	~이다. /~있다.
She (그녀는)	is	
It (그것은)	is	
인칭대명사(복수)	be동사	
We (우리는)	are	
You (너희들은)	are	~이다. /~있다.
They (그들은)	are	
They (그것들은)	are	

I <u>am</u> a teacher. 나는 선생님이다.
= I'<u>m</u> a teacher.

We <u>are</u> happy. 우리는 행복하다.
= <u>We're</u> happy.

You <u>are</u> good. 너는 착하다.
= <u>You're</u> good.

You <u>are</u> right. 너희들이 옳다.
= <u>You're</u> right.

He <u>is</u> kind. 그는 친절하다.
= <u>He's</u> kind.

She <u>is</u> pretty. 그녀는 예쁘다.
= <u>She's</u> pretty.

They <u>are</u> nice. 그들은 좋은 사람들이다.
= They'<u>re</u> nice.

It <u>is</u> huge. 그것은 엄청나다.
= It'<u>s</u> huge.

They <u>are</u> expensive. 그것들은 비싸다.
= They'<u>re</u> expensive.

다음 빈칸 안에 알맞은 be동사를 고르시오.

201 The car (is / are) red.
그 차는 빨간색이다.

202 The cars (is / are) on sale.
그 차들은 판매 중이다.

203 A student (is / are) in the classroom.
한 학생이 교실에 있다.

204 The students (is / are) in the room.
그 학생들이 교실에 있다.

205 Time (is / are) money.
시간은 돈이다.

206 Love (is / are) in our hearts.
사랑은 우리 마음에 있다.

207 A cup of coffee (is / are) 3 dollars.
커피 한 잔은 3 달러다.

208 Two cups of coffee (is / are) 6 dollars.
커피 두 잔은 6 달러다.

209 A bottle of beer (is / are) in the box.
맥주 한 병이 상자 안에 있다.

210 Three bottles of beer (is / are) in the box.
맥주 세 병이 상자 안에 있다.

다음 빈칸 안에 알맞은 be동사를 고르시오.

211 I (am / are / is) in the library.
나는 도서관에 있다.

212 We (am / are / is) happy.
우리는 행복하다.

213 We (am / are / is) in the classroom.
우리는 교실에 있다.

214 You (am / are / is) in Korea.
너는 한국에 있다.

215 You (am / are / is) in the wrong seat.
너희들은 자리 잘 못 앉았다.

216 He (am / are / is) kind.
그는 친절하다.

217 She (am / are / is) in Seoul.
그녀는 서울에 있다.

218 They (am / are / is) nice.
그들은 좋은 사람들이다.

219 It (am / are / is) huge.
그것은 엄청나다.

220 They (am / are / is) expensive.
그것들은 비싸다.

다음 빈칸 안에 알맞은 be동사를 고르시오.

201 The car (is / are) red.
그 차는 빨간색이다.

202 The cars (is / are) on sale.
그 차들은 판매 중이다.

203 A student (is / are) in the classroom.
한 학생이 교실에 있다.

204 The students (is / are) in the room.
그 학생들이 교실에 있다.

205 Time (is / are) money.
시간은 돈이다.

206 Love (is / are) in our hearts.
사랑은 우리 마음에 있다.

207 A cup of coffee (is / are) 3 dollars.
커피 한 잔은 3 달러다.

208 Two cups of coffee (is / are) 6 dollars.
커피 두 잔은 6 달러다.

209 A bottle of beer (is / are) in the box.
맥주 한 병이 상자 안에 있다.

210 Three bottles of beer (is / are) in the box.
맥주 세 병이 상자 안에 있다.

다음 빈칸 안에 알맞은 be동사를 고르시오.

211 I (am / are / is) in the library.
나는 도서관에 있다.

212 We (am / are / is) happy.
우리는 행복하다.

213 We (am / are / is) in the classroom.
우리는 교실에 있다.

214 You (am / are / is) in Korea.
너는 한국에 있다.

215 You (am / are / is) in the wrong seat.
너희들은 자리 잘 못 앉았다.

216 He (am / are / is) kind.
그는 친절하다.

217 She (am / are / is) in Seoul.
그녀는 서울에 있다.

218 They (am / are / is) nice.
그들은 좋은 사람들이다.

219 It (am / are / is) huge.
그것은 엄청나다.

220 They (am / are / is) expensive.
그것들은 비싸다.

12강. [서술어 자리에는 무엇이 올까?]

주어 + 서술어[일반동사]

• 용어정리 •

일반동사 주어의 행동을 표현하는 be동사 이외의 동사

> POINT 1. 주어자리의 보통명사가 단수일 경우 무조건 일반동사의 기본형에 '-s'를 붙인다.
> 2. 주어자리가 추상명사일 경우 무조건 일반동사의 기본형에 '-s'를 붙인다.
> 3. 주어자리의 인칭대명사가 3인칭 단수일 경우 무조건 일반동사의 기본형에 '-s'를 붙인다.
> 예외) '-s/-x/-sh/-ch/-o'로 끝나는 동사는 기본형 뒤에 's'대신 'es'를 붙인다.
> 예외) 'y'로 끝나는 동사는 기본형 뒤에 's'대신 'y'를 생략하고 그 자리에 'ies'를 붙인다.
> 4. 일반동사는 1,2,3번 외의 명사가 주어로 올 경우 그냥 동사의 기본형을 쓴다.

1. 주어자리의 보통명사가 단수 일 때

Ⅰ **주의** Ⅰ 주어자리의 보통명사가 단수이면 동사 기본형에 '-s'를 붙인다.

Our students <u>eat</u> lunch in the school.

: 주어가 '복수'이므로 그냥 동사 기본형

<u>우리의 학생들은</u> 학교에서 점심을 먹는다.

Our student <u>eats</u> lunch in the school.

: 주어가 '단수'이므로 'eat + s = eats'

<u>우리의 학생이</u> 학교에서 점심을 먹는다.

2. 주어가 추상명사일 때

| **주의** | 주어자리의 추상명사는 단수, 복수의 개념이 없으므로 단수처럼 동사 기본형에 '-s'를 붙인다.

Love <u>changes</u> everything.

: 주어가 추상명사이므로 'change + s = changes'

사랑은 모든 것을 바꾼다.

3. 주어가 3인칭 단수 대명사일 때

| **주의** | 주어자리의 인칭대명사가 3인칭 단수이면 동사 기본형에 '-s'를 붙인다.

I <u>work</u> in her office.

: 주어가 '1인칭'이므로 그냥 동사 기본형

나는 그녀의 사무실에서 일한다.

You <u>play</u> the piano at night.

: 주어가 '2인칭'이므로 그냥 동사 기본형

너는 밤에 피아노를 연주한다.

He <u>enjoys</u> the show.

: 주어가 '3인칭 단수'이므로 'enjoy + s = enjoys'

그는 그 드라마를 즐긴다.

She <u>buys</u> some flowers on Sunday.

: 주어가 '3인칭 단수'이므로 'buy + s = buys'

그녀는 일요일마다 꽃을 산다.

* 일반동사 기본형 변화 총정리

| 주의 | 일반동사 기본형에 's'를 붙이는 것은 동사마다 다르다.

1. '동사기본형 + s'

동사	기본형 + s	의미
ask	asks	묻다, 질문하다
become	becomes	~이 되다
believe	believes	믿다
bring	brings	가져오다
*buy	buys	사다
call	calls	부르다, 전화하다
change	changes	바꾸다, 변하다
close	closes	닫다
come	comes	오다
cook	cooks	요리하다
drink	drinks	마시다
drive	drives	운전하다
eat	eats	먹다
*enjoy	enjoys	즐기다
feel	feels	느끼다
get	gets	얻다
give	gives	주다
keep	keeps	유지하다
leave	leaves	떠나다, 남겨놓다
like	likes	좋아하다

live	lives	살다
look	looks	~처럼 보이다
love	loves	사랑하다
make	makes	만들다
meet	meets	만나다
move	moves	움직이다, 이동하다
offer	offers	제안하다
open	opens	열다
order	orders	주문하다
*play	plays	놀다, 연주하다
rain	rains	비오다
read	reads	읽다
*say	says	말하다
see	sees	보다
seem	seems	~처럼 보이다
send	sends	보내다
show	shows	보여주다
sing	sings	노래부르다
sleep	sleeps	잠들다
smell	smells	냄새나다
snow	snows	눈오다
sound	sounds	~처럼 들리다
speak	speaks	말하다

*stay	stays	머물다
take	takes	가져가다
taste	tastes	맛이 나다
tell	tells	말하다
turn	turns	돌다, 회전하다
wear	wears	옷을 입다
work	works	일하다
write	writes	쓰다

2. '동사기본형 + es' : 동사 끝에 's/x/sh/ch' 로 끝날 때

동사		기본형 + es	의미
kiss		kisses	키스하다
miss	-s	misses	놓치다, 그리워하다
pass		passes	통과하다, 지나치다
fix	-x	fixes	수선하다, 고치다
mix		mixes	뒤섞다
wash	-sh	washes	닦다
catch		catches	잡다
teach	-ch	teaches	가르치다
watch		watches	보다

3. '동사기본형 + es' : 동사 끝에 'o' 로 끝날 때

동사		기본형 + es	의미
do	-o	does	하다
go		goes	가다

4. '동사기본형 + ies' : 동사 끝에 'y' 로 끝날 때

| 주의 | 동사 끝에 'y'로 끝날 때 'y'앞에 자음인 경우 'y' → 'ies'로 바꾼다.

동사		기본형 + ies	의미
carry		carries	옮기다, 몸에 지니다
copy		copies	복사하다
cry		cries	울다, 소리지르다
fly	자음 + y	flies	날다, 비행하다
marry		marries	결혼하다
study		studies	공부하다
try		tries	시도하다

5. 불규칙한 동사 기본형 변화

동사	불규칙 변화	의미
have	has	가지다, 가지고 있다

다음 빈칸 안에 알맞은 동사 기본형을 고르시오.

221 He (eat / eats) lunch.

_____

222 Our students (study / studies) English.

_____

223 She (work / works) in my office.

_____

224 My father (enjoy / enjoys) the show.

_____

225 Her mother (buy / buys) some flowers.

_____

226 They (stay / stays) in the hotel.

_____

227 She (plays / playes) the piano.

_____

228 Their son (gos / goes) to school.

_____

229 The man (wash / washes) his hands in the restroom.

_____

230 The baby (cry / cries) every morning.

_____

다음 밑줄 친 동사 기본형을 바르게 고치시오.

231 I <u>studies</u> in the library.

_____

232 We <u>meets</u> in the street.

_____

233 He <u>read</u> the book in the classroom.

_____

234 She <u>have</u> a friend in Korea.

_____

235 My uncle <u>watch</u> TV.

_____

236 He <u>carry</u> his bag.

_____

237 She <u>teach</u> Japanese in Seoul.

_____

238 He <u>tell</u> a lie everyday.

_____

239 She <u>speak</u> Chinese.

_____

240 It <u>taste</u> good.

_____

다음 빈칸 안에 알맞은 동사 기본형을 고르시오.

221 He (eat / eats) lunch.

222 Our students (study / studies) English.

223 She (work / works) in my office.

224 My father (enjoy / enjoys) the show.

225 Her mother (buy / buys) some flowers.

226 They (stay / stays) in the hotel.

227 She (plays / playes) the piano.

228 Their son (gos / goes) to school.

229 The man (wash / washes) his hands in the restroom.

230 The baby (cry / cries) every morning.

다음 밑줄 친 동사 기본형을 바르게 고치시오.

231 I <u>studies</u> in the library.

study

232 We <u>meets</u> in the street.

meet

233 He <u>read</u> the book in the classroom.

reads

234 She <u>have</u> a friend in Korea.

has

235 My uncle <u>watch</u> TV.

watches

236 He <u>carry</u> his bag.

carries

237 She <u>teach</u> Japanese in Seoul.

teaches

238 He <u>tell</u> a lie everyday.

tells

239 She <u>speak</u> Chinese.

speaks

240 It <u>taste</u> good.

tastes

13강. [서술어 자리에는 무엇이 올까?]

주어 + 서술어[일반동사(1형식/2형식/3형식)] + (보어/목적어)

• 용어정리 •

보어 문장 내에서 의미를 보충해주는 말

목적어 문장에서 목적의 대상(~을/를/에게) 역할을 하는 말

POINT 1. 일반동사 뒤에 오는 단어의 성격에 따라 동사는 1형식, 2형식, 3형식으로
         나뉜다.
      2. '인칭대명사'를 목적어로 표현하는 경우에는 표현 형식이 달라진다.

---

1. 1형식 동사 - 뒤에 어떤 단어도 전혀 필요 없는 동사

| 주의 | '주어'+'동사' 뒤에 단어가 오지 않아도 문장이 성립되는 동사.

I <u>go</u>. 나는 간다.

The bird <u>sings</u>. 그 새가 지저귄다.

We <u>move</u>. 우리는 이동한다.

The car <u>comes</u>. 그 차가 온다.

They <u>sleep</u>. 그들은 잠을 잔다.

It <u>rains</u>. 비가 온다.

2. 2형식 동사 - 뒤에 보어가 반드시 필요한 동사

| 주의 | '주어'+'동사' 뒤에 반드시 '보충해 주는 단어'가 필요한 동사. 'be동사'로 바꿔도 의미가 통한다.

\<be 동사\>

She is. (X)

She is popular. 그녀는 유명하다.

\<감각을 나타내는 동사\> : feel, look, smell, sound, taste

I feel. (X)

I feel bad. 나는 기분이 안 좋다.

You look. (X)

You look smart. 너는 똑똑해 보인다.

It smells. (X)

It smells sweet. 달콤한 냄새가 난다.

It sounds. (X)

It sounds great. 대단하게 들린다.

It tastes. (X)

It tastes sour. 신맛이다.

<상태를 나타내는 동사> : turn, become, keep

She underline{turns}. (X)

She underline{turns} underline{21} in May. 그녀는 5월에 21살이 된다.

Snow underline{becomes}. (X)

Snow underline{becomes} underline{ice} in the winter.

눈은 겨울에 얼음이 된다.

He underline{keeps}. (X)

He underline{keeps} underline{close} to her. 그는 그녀에게 바짝 붙어 있다.

3. 3형식 동사 - 뒤에 목적어가 반드시 필요한 동사

| 주의 | '주어'+'동사' 뒤에 반드시 그 행위의 대상이 되는 '목적어'가 필요한 동사.

I underline{eat} underline{breakfast}. 나는 아침을 먹는다.

You underline{miss} underline{her}. 너는 그녀를 그리워한다.

You underline{play} underline{football}. 너희들은 축구 경기를 한다.

He underline{writes} underline{a letter}. 그는 편지를 쓴다.

She underline{makes} underline{the cheese}. 그녀는 치즈를 만든다.

They underline{call} underline{the police}. 그들은 경찰을 부른다.

It underline{takes} underline{3 hours}. 3시간 걸린다.

We underline{thank} underline{you} for your kindness.

우리는 당신의 친절에 감사드립니다.

(참고) 인칭대명사 주어-소유격-목적어 표현

주격 (단수)	소유격	목적격	주격 (복수)	소유격	목적격
I 나는	my 나의	me 나를 /나에게	We 우리는	our 우리의	us 우리를 /우리에게
You 너는	your 너의	you 너를 /너에게	You 너희들은	your 너희들의	you 너희들을 /너희에게
He 그는	his 그의	him 그를 /그에게	They 그들은	their 그들의	them 그들을 /그들에게
She 그녀는	her 그녀의	her 그녀를 /그녀에게			
It 그것은	its 그것의	it 그것을	They 그것들은	their 그것들의	them 그것들을

다음 문장에서 맞으면 O, 틀리면 X를 고르시오.

241 I go school. (   )

242 The bird sing. (   )

243 They sleep. (   )

244 It rain. (   )

245 She is popular. (   )

246 You look. (   )

247 Snow becomes. (   )

248 You miss. (   )

249 She makes. (   )

250 It takes three hours. (   )

다음 두 문장 중 맞는 문장을 고르시오.

251 (I go school. / I go to school.)

---

252 (The bird sings tree. / The bird sings at the tree.)

---

253 (The car comes here. / The car comes hotel.)

---

254 (She turns at 21. / She turns 21.)

---

255 (We thank you. / We thank for you.)

---

256 (You miss for her. / You miss her.)

---

257 (He writes a letter. / He writes to a letter.)

---

258 (She makes for the cheese / She makes the cheese.)

---

259 (They call the police. / They call for the police.)

---

260 (It takes at 3 hours. / It takes 3 hours.)

다음 문장에서 맞으면 O, 틀리면 X를 고르시오.

241 I go school. (X)

242 The bird sing. (X)

243 They sleep. (O)

244 It rain. (X)

245 She is popular. (O)

246 You look. (X)

247 Snow becomes. (X)

248 You miss. (X)

249 She makes. (X)

250 It takes three hours. (O)

다음 두 문장 중 맞는 문장을 고르시오.

251 (I go school. / I go to school.)

252 (The bird sings tree. / The bird sings at the tree.)

253 (The car comes here. / The car comes hotel.)

254 (She turns at 21. / She turns 21.)

255 (We thank you. / We thank for you.)

256 (You miss for her. / You miss her.)

257 (He writes a letter. / He writes to a letter.)

258 (She makes for the cheese / She makes the cheese.)

259 (They call the police. / They call for the police.)

260 (It takes at 3 hours. / It takes 3 hours.)

14강. [서술어 자리에는 무엇이 올까?]

주어 + 서술어[일반동사(4형식/5형식)] + (간접+직접목적어/직접목적어+보어)

• 용어정리 •

간접목적어 '~에게'라고 해석되는 목적어(일반적으로 사람이 위치한다.)

직접목적어 '~을/를'이라고 해석되는 목적어

POINT 1. 일반동사 뒤에 '간접목적어' + '직접목적어' 등 2개의 목적어를 필요로 하
　　　　는 동사가 있다.
　　　　2. 일반동사 뒤에 '직접목적어' + '보어' 등 목적어와 보어를 동시에 필요로
　　　　하는 동사가 있다.

---

4. 4형식 동사 - 뒤에 목적어가 2개가 필요한 동사

| 주의 | '주어'+'동사' 뒤에 '간접목적어+직접목적어'처럼 목적어가 2개가 필요한 동사. '직접목
적어'만 가져오는 3형식 동사로 써도 된다. (send / ask / show / tell / offer / bring /
buy / cook / teach / give / order)

I send her a letter.
나는 그녀에게 편지를 보낸다. - 4형식 동사

I send a letter.
나는 편지를 보낸다. - 3형식 동사

We ask our teacher a question.
우리는 선생님께 질문을 한다. - 4형식 동사

We ask a question.
우리는 질문을 한다. - 3형식 동사

You <u>show</u> <u>us</u> <u>the guideline</u>.
너는 우리들에게 가이드라인을 보여 준다. - 4형식 동사

You <u>show</u> <u>the guideline.</u>
너는 가이드라인을 보여 준다. - 3형식 동사

You <u>tell</u> <u>me</u> <u>a secret</u>.
너희들은 나에게 비밀을 말한다. - 4형식 동사

You <u>tell</u> <u>a secret</u>.
너희들은 비밀을 말한다. - 3형식 동사

The man <u>offers</u> <u>me</u> <u>a job</u>.
그 남자는 나에게 직업을 제안한다. - 4형식 동사

The man <u>offers</u> <u>a job</u>.
그 남자는 직업을 제안한다. - 3형식 동사

The waiter <u>brings</u> <u>me</u> <u>the menu</u>.
그 종업원은 나에게 메뉴를 가지고 온다. - 4형식 동사

The waiter <u>brings</u> <u>the menu</u>.
그 종업원은 메뉴를 가지고 온다. - 3형식 동사

He buys his girlfriend a flower.

그는 여자친구에게 꽃을 사 준다. - 4형식 동사

He buys a flower.

그는 꽃을 사 준다. - 3형식 동사

The lady cooks us dinner.

그 숙녀는 우리에게 저녁을 요리해 준다. - 4형식 동사

The lady cooks dinner.

그 숙녀는 저녁을 요리해 준다. - 3형식 동사

She teaches her students English.

그녀는 학생들에게 영어를 가르친다. - 4형식 동사

She teaches English.

그녀는 영어를 가르친다. - 3형식 동사

They give their parents the present.

그들은 부모님에게 선물을 드린다. - 4형식 동사

They give the present.

그들은 선물을 드린다. - 3형식 동사

They order me some food.

그들은 내게 음식을 주문해 준다. - 4형식 동사

They order some food.

그들은 음식을 주문해 준다. - 3형식 동사

5. 5형식 동사 - 뒤에 보어와 목적어 둘 다 필요한 동사

ㅣ주의ㅣ '주어'+'동사' 뒤에 '직접목적어'와 그 '목적어'를 보충해주는 '보어'가 반드시 필요한 동사.
(keep / make / name / leave / believe/ call)

I keep my room clean.
나는 내 방을 깨끗하게 유지한다. - 5형식 동사

We name our dog Kong.
우리는 우리 강아지를 Kong이라고 지었다. - 5형식 동사

You make your father happy.
너는 너의 아버지를 행복하게 만든다. - 5형식 동사

He leaves the door open.
그는 문을 열어 놓는다. - 5형식 동사

She believes her friend honest.
그녀는 그녀 친구를 정직하다고 믿는다. - 5형식 동사

They call him a hero.
그들은 그를 영웅이라고 부른다. - 5형식 동사

다음 문장에서 맞으면 O, 틀리면 X를 고르시오.

261 I send my mother a letter. (　　)

_____

262 I send a letter her. (　　)

_____

263 He buys his girl friend. (　　)

_____

264 He buys his girl friend a flower. (　　)

_____

265 She teaches English. (　　)

_____

266 She teaches English her students. (　　)

_____

267 I keep clean my room. (　　)

_____

268 You make happy. (　　)

_____

269 He leaves open the door. (　　)

_____

270 She believes honest her friend. (　　)

_____

다음 문장에서 맞으면 O, 틀리면 X를 적고 맞게 고치시오.

271 I send a letter her. (　　)

_____

272 We ask a question our teacher. (　　)

_____

273 He buys his girlfriend a flower. (　　)

_____

274 She teaches her students English. (　　)

_____

275 They give their parents the present. (　　)

_____

276 I keep clean my room. (　　)

_____

277 We name Kong our dog. (　　)

_____

278 You make your father happy. (　　)

_____

279 He leaves open the door. (　　)

_____

280 She believes honest her friend. (　　)

_____

다음 문장에서 맞으면 O, 틀리면 X를 고르시오.

261 I send my mother a letter. (O)

262 I send a letter her. (X)

263 He buys his girl friend. (X)

264 He buys his girl friend a flower. (O)

265 She teaches English. (O)

266 She teaches English her students. (X)

267 I keep clean my room. (X)

268 You make happy. (X)

269 He leaves open the door. (X)

270 She believes honest her friend. (X)

다음 문장에서 맞으면 O, 틀리면 X를 적고 맞게 고치시오.

271 I send a letter her. (X)

I send her a letter.

272 We ask a question our teacher. (X)

We ask our teacher a question.

273 He buys his girlfriend a flower. (O)

_____

274 She teaches her students English. (O)

_____

275 They give their parents the present. (O)

_____

276 I keep clean my room. (X)

I keep my room clean.

277 We name Kong our dog. (X)

We name our dog Kong.

278 You make your father happy. (O)

_____

279 He leaves open the door. (X)

He leaves the door open.

280 She believes honest her friend. (X)

She believes her friend honest.

15강. [서술어 자리에는 무엇이 올까?]

주어 + 서술어[조동사(will)+be동사/일반동사]

• 용어정리 •

조동사 동사 앞에서 동사의 의미를 도와주는 동사

> **POINT** 1. 'will'은 '내가 말하는 순간의 결정이나 의지' 혹은 '나의 경험으로 인한 예상'을 나타내는 조동사이다.
> 2. 조동사 'will'은 주어의 인칭이나 수에 영향을 받지 않는다.
> 3. 조동사 'will' 다음에 동사는 무조건 동사 원형이 온다. be동사는 'be'로 쓴다.
> 4. 인칭대명사가 주어로 올 때 will은 줄여서 (인칭대명사)'ll 로 표시하기도 한다.

<조동사 위치>

$$ 주어 \; + \; \boxed{will} \; + \; \boxed{be \, / \, 일반동사의 \; 원형} $$

조동사   조동사 뒤에 위치하는 동사는 무조건 원형

1. 'will + be 동사' 가 올 경우

| 주의 | 'will'은 동사 앞에서 '~할 것이다' 와 같이 '나'를 포함한 주어의 경우는 '말하는 순간의 결정이나 의지'를 나타낸다. '나'를 포함한 주어가 아닌 경우는 주로 '~하게 될 것이다.'라는 '경험으로 인한 예상'을 나타낸다.

I <u>am</u> a doctor.

나는 의사이다.

I <u>will</u> <u>be</u> a doctor.

나는 의사가 될 것이다. (말하는 순간의 결정이나 의지)

= I'<u>ll</u> be a doctor.

We <u>are</u> there.
우리는 거기에 있다.

We <u>will</u> <u>be</u> there soon.
우리는 곧 그곳에 갈 것이다. (말하는 순간의 결정이나 의지)

= We'<u>ll</u> be there soon.

You <u>are</u> an aunt.
너는 고모이다.

You <u>will</u> <u>be</u> an aunt.
너는 고모가 될 것이다. (경험으로 인한 예상)

= You'<u>ll</u> be an aunt.

You <u>are</u> happy.
너희들은 행복하다.

You <u>will</u> <u>be</u> happy.
너희들은 행복하게 될 것이다. (경험으로 인한 예상)

= You'<u>ll</u> be happy.

He <u>is</u> better.
그는 더 상태가 좋다.

He <u>will</u> <u>be</u> better soon.
그는 곧 상태가 더 좋아지게 될 것이다. (경험으로 인한 예상)

= He'<u>ll</u> be better soon.

She <u>is</u> on time.
그녀는 정각에 온다.

She <u>will</u> <u>be</u> on time.
그녀는 정각에 오게 될 것이다. (경험으로 인한 예상)

= She'<u>ll</u> be on time.

They <u>are</u> great.
그들은 괜찮다.

They <u>will</u> be great.
그들은 다 괜찮게 될 것이다. (경험으로 인한 예상)

= They'<u>ll</u> be great.

It <u>is</u> okay.
괜찮다.

It <u>will</u> <u>be</u> okay.
괜찮게 될 것이다. (경험으로 인한 예상)

= It'<u>ll</u> be okay.

They <u>are</u> useful.
그것들은 유용하다.

They <u>will</u> be useful.
그것들은 유용하게 될 것이다. (경험으로 인한 예상)

= They'<u>ll</u> be useful.

2. 'will + 일반동사' 가 올 경우

| 주의 | 'will'은 동사 앞에서 '~할 것이다' 와 같이 '나'를 포함한 주어의 경우는 강한 의지를 나타낸다.
'나'를 포함한 주어가 아닌 경우는 주로 '~하게 될 거다.'라는 미래의 추측을 나타낸다.

I go to church.

나는 교회에 다닌다.

I will go to church.

나는 교회에 다닐 것이다. (말하는 순간의 결정이나 의지)

= I'll go to church.

We go to school.

우리는 학교에 다닌다.

We will go to school.

우리는 학교에 다닐 것이다. (말하는 순간의 결정이나 의지)

= We'll go to school.

You answer the phone.

너는 전화를 받는다.

You will answer the phone.

너는 전화를 받게 될 것이다. (경험으로 인한 예상)

= You'll answer the phone.

You get an email.

너희들은 이메일을 받는다.

You will get an email.

너희들은 이메일을 받게 될 것이다. (경험으로 인한 예상)

= You'll get an email.

He reads the book.

그는 책을 읽는다.

He will read the book.

그는 책을 읽게 될 것이다. (경험으로 인한 예상)

= He'll read the book.

She works in the office.

그녀는 사무실에서 근무한다.

She will work in the office.

그녀는 사무실에서 근무하게 될 것이다. (경험으로 인한 예상)

= She'll work in the office.

They like it.

그들은 그것을 좋아한다.

They will like it.

그들은 그것을 좋아하게 될 것이다. (경험으로 인한 예상)

= They'll like it.

(TIP) will 과 함께 알아 두어야 하는 표현 (조동사가 아님)

*be going to 이미 마음먹어서 ~할 것이다	1. 주어가 '이미 전에 마음먹고 한 결정'을 표현할 때 사용한다. 2. 'be'동사는 앞의 주어에 따라 변하며, 조동사는 아니다.

I <u>will</u> be a doctor.(나의 말하는 순간의 결정이나 의지)
= 나는 의사가 될 거야.

I <u>am going to</u> be a doctor.(이미 전에 마음먹고 한 결정)
= 의사가 되기로 이미 마음먹어서 나는 그렇게 되려고 해.

He <u>will</u> read the book.(나의 경험으로 인한 예상)
= 내 경험상 그는 곧 책을 읽게 될 거야.

He <u>is going to</u> read the book.(이미 전에 마음먹고 한 결정)
= 이미 그는 책을 읽으려고 마음먹어서 읽을 거야.

다음 빈칸 안에 맞는 단어를 고르시오.

281 I (be / will be / will) a doctor.

_____

282 You (will / will are / will be) an aunt.

_____

283 He (will is / will be / will) better soon.

_____

284 They (am / will are / will be) great.

_____

285 It (be / will is / will be) okay.

_____

286 We (are / will be / will) go to school.

_____

287 You (will / will be / will are) get an email.

_____

288 He (is / will be / will) read the book.

_____

289 They (are / will / will be) like it.

_____

290 They (will are / be /will be) useful.

_____

다음 문장이 맞으면 O, 틀리면 X를 적고 맞게 고치시오.(will 사용)

291 We are there soon. (　　)

_____

292 You will be happy. (　　)

_____

293 She will on time. (　　)

_____

294 They will are great. (　　)

_____

295 They will be useful. (　　)

_____

296 I am go to church. (　　)

_____

297 You are answer the phone. (　　)

_____

298 He will reads the book. (　　)

_____

299 She will works in the office. (　　)

_____

300 I be going to be a doctor. (　　)

_____

다음 빈칸 안에 맞는 단어를 고르시오.

281 I (be / will be / will) a doctor.

_____

282 You (will / will are / will be) an aunt.

_____

283 He (will is / will be / will) better soon.

_____

284 They (am / will are / will be) great.

_____

285 It (be / will is / will be) okay.

_____

286 We (are / will be / will) go to school.

_____

287 You (will / will be / will are) get an email.

_____

288 He (is / will be / will) read the book.

_____

289 They (are / will / will be) like it.

_____

290 They (will are / be /will be) useful.

_____

다음 문장이 맞으면 O, 틀리면 X를 적고 맞게 고치시오.(will 사용)

291 We <u>are</u> there soon. (X)

will be

292 You will be happy. (O)

293 She <u>will</u> on time. (X)

will be

294 They <u>will are</u> great. (X)

will be

295 They will be useful. (O)

296 I <u>am go</u> to church. (X)

will go / am going

297 You <u>are answer</u> the phone. (X)

will answer

298 He <u>will reads</u> the book. (X)

will read

299 She <u>will works</u> in the office. (X)

will work

300 I <u>be going to be</u> a doctor. (X)

am going to be / will be

16강. [서술어 자리에는 무엇이 올까?]

주어 + 서술어[조동사(can)+be동사/일반동사]

• 용어정리 •

조동사 동사 앞에서 동사의 의미를 도와주는 동사

> POINT 1. 'can'은 '능력', '가능성', '허락', '제안' 혹은 '추측'을 나타내는 조동사이다.
> 2. 조동사 'can'은 주어의 인칭이나 수에 영향을 받지 않는다.
> 3. 조동사 'can' 다음에 동사는 무조건 동사 원형이 온다. be동사는 'be'로 쓴다.

<조동사 위치>

주어 + can + be / 일반동사의 원형

조동사   조동사 뒤에 위치하는 동사는 무조건 원형

1. 'can + be 동사' 가 올 경우

| 주의 | 'can'은 동사 앞에서 '~할 수 있다' 와 같이 '능력', '가능성', '허락', '제안' 혹은 '추측'에 대한 의미를 나타낸다.
'나'를 포함한 주어가 아닌 경우는 주로 다른 의미와 함께 '추측'을 주로 나타낸다.

I am a teacher.

나는 선생님이다.

I can be a teacher.

나는 선생님이 될 수 있다. (가능성/능력)

조동사(can) + 동사

해당 강의 시청 ▸▸▸

We <u>are</u> friends.
우리는 모두 친구이다.

We <u>can</u> <u>be</u> friends.
우리는 모두 친구가 될 수 있다. (가능성)

You <u>are</u> a leader.
너는 지도자이다.

You <u>can</u> <u>be</u> a leader.
너는 지도자가 될 수 있다. (능력/가능성/허락/제안/추측)

You <u>are</u> famous.
너희들은 유명하다.

You <u>can</u> <u>be</u> famous.
너희들은 유명하게 될 수 있다. (가능성/추측)

He <u>is</u> helpful.
그는 도움이 된다.

He <u>can</u> <u>be</u> helpful.
그는 도움이 될 수 있다. (가능성/추측)

She <u>is</u> your wife.

그녀는 너의 부인이다.

She <u>can be</u> your wife.

그녀는 너의 부인이 될 수 있다. (가능성/제안/추측)

They <u>are</u> your rivals.

그들은 너의 경쟁 상대이다.

They <u>can be</u> your rivals.

그들은 너의 경쟁 상대가 될 수 있다. (가능성/추측)

It <u>is</u> difficult.

어렵다.

It <u>can be</u> difficult.

어려울 수 있다. (추측)

They <u>are</u> dangerous.

그것들은 위험하다.

They <u>can be</u> dangerous.

그것들은 위험할 수 있다. (추측)

2. 'can + 일반 동사' 가 올 경우

| **주의** | 'can'은 일반 동사 앞에서 '~할 수 있다' 와 같이 '추측' 보다는 주로 '능력', '가능성', '허락'
혹은 '제안'에 대한 의미를 나타낸다.

I play baseball.

나는 야구를 한다.

I can play baseball.

나는 야구를 할 수 있다. (능력)

We talk on the phone.

우리는 통화한다.

We can talk on the phone.

우리는 통화 할 수 있다. (가능성/제안)

You call the police.

너는 경찰을 부른다.

You can call the police.

너는 경찰을 부를 수 있다. (가능성/허락/제안)

You sit together.

너희들은 같이 앉는다.

You can sit together.

너희들은 같이 앉을 수 있다. (허락/제안)

He <u>reads</u> the magazine.
그는 잡지를 읽는다.

He <u>can</u> <u>read</u> the magazine.
그는 잡지를 읽을 수 있다. (가능성/허락)

She <u>learns</u> Korean.
그녀는 한국어를 공부한다.

She <u>can</u> <u>learn</u> Korean.
그녀는 한국어를 공부할 수 있다. (능력)

They <u>have</u> lunch.
그들은 점심을 먹는다.

They <u>can</u> <u>have</u> lunch.
그들은 점심을 먹을 수 있다. (가능성/허락)

It <u>happens</u>.
늘 일어난다.

It <u>can</u> <u>happen</u>.
일어날 수 있다. (가능성)

They <u>live</u> forever.
그것들은 영원히 산다.

They <u>can</u> <u>live</u> forever.
그것들은 영원히 살 수 있다. (가능성)

(TIP) can 과 함께 알아두어야 하는 표현 (조동사가 아님)

*be able to	1. 주어가 '정해진 조건'에서의 가능성을 표현할 때 주로 사용한다.
~하니까 ~할 수 있다.	2. 'be'동사는 앞의 주어에 따라 변하며, 조동사는 아니다.

I can play baseball. : 일반적인 능력 (O)
= 나는 (어떤 상황이라도) 야구를 할 수 있다.

I am able to play baseball. : 일반적인 능력 (X) ⇒ 어색하다.
= 나는 (어떤 상황이라도) 야구를 할 수 있다. ⇒ 어색하다.

We have the playground in our town and I am able to play baseball. : 정해진 조건에서의 가능성 (O)
= 우리는 마을에 운동장을 가지고 있다. 그래서 나는 야구를 할 수 있다.

다음 빈칸 안에 맞는 단어를 고르시오.

301 I (be / can / can be) a teacher.

_____

302 We (be / can are / can be) friends.

_____

303 You (am / can / can be) famous.

_____

304 She (can / can be / can is) your wife.

_____

305 It (can be / can / be) a dream.

_____

306 We (can / can are / can talk) on the phone.

_____

307 You (can / can are / can sit) together.

_____

308 He (can / can reads / can read) the magazine.

_____

309 They (are / can have / can be) lunch.

_____

310 It (can / be / can be) happen

_____

다음 문장에서 맞으면 O, 틀리면 X를 적고 맞게 고치시오.(can 사용)

311 We can are friends. (   )

_____

312 You can famous. (   )

_____

313 He can be helpful. (   )

_____

314 She can is your wife. (   )

_____

315 They can be your rivals. (   )

_____

316 We can on the phone. (   )

_____

317 He read the magazine. (   )

_____

318 She can be learn Korean. (   )

_____

319 It happen. (   )

_____

320 They can live forever. (   )

_____

다음 빈칸 안에 맞는 단어를 고르시오.

301 I (be / can / can be) a teacher.

_____

302 We (be / can are / can be) friends.

_____

303 You (am / can / can be) famous.

_____

304 She (can / can be / can is) your wife.

_____

305 It (can be / can / be) a dream.

_____

306 We (can / can are / can talk) on the phone.

_____

307 You (can / can are / can sit) together.

_____

308 He (can / can reads / can read) the magazine.

_____

309 They (are / can have / can be) lunch.

_____

310 It (can / be / can be) happen

_____

다음 문장에서 맞으면 O, 틀리면 X를 적고 맞게 고치시오.(can 사용)

311 We can are friends. (X)
can be

312 You can famous. (X)
can be

313 He can be helpful. (O)

314 She can is your wife. (X)
can be

315 They can be your rivals. (O)

316 We can on the phone. (X)
can talk

317 He read the magazine. (X)
can read

318 She can be learn Korean. (X)
can

319 It happen. (X)
can happen

320 They can live forever. (O)

17강. [서술어 자리에는 무엇이 올까?]

주어 + 서술어[조동사(may)+be동사/일반동사]

• 용어정리 •

조동사 동사 앞에서 동사의 의미를 도와주는 동사

> **POINT** 1. 'may'는 '확실하지 않은 추측'이나 '허용'을 나타내는 조동사이다.
> 2. 조동사 'may'는 주어의 인칭이나 수에 영향을 받지 않는다.
> 3. 조동사 'may' 다음에 동사는 무조건 동사 원형이 온다. be동사는 'be'로 쓴다.

<조동사 위치>

주어 + | may | + | be / 일반동사의 원형 |

조동사   조동사 뒤에 위치하는 동사는 무조건 원형

1. 'may + be 동사' 가 올 경우

| 주의 | 'may'는 be동사 앞에서 '~ 일지도 모른다.'와 같이 주로 '추측'에 대한 의미로 사용된다.

I <u>am</u> wrong.

나는 틀렸다.

I <u>may be</u> wrong.

내가 틀렸는지도 모른다. (추측)

We <u>are</u> right.

우리는 맞았다.

We <u>may be</u> right.

우리가 맞은 건지도 모른다. (추측)

You are alone.
너는 혼자다.

You may be alone.
너는 혼자일지도 모른다. (추측)

You are busy with your homework.
너희들은 숙제로 바쁘다.

You may be busy with your homework.
너희들은 숙제로 바쁠지도 모른다. (추측)

He is one of them.
그는 그들 중 한 명이다.

He may be one of them.
그는 그들 중 한 명일지도 모른다. (추측)

She is the only child.
그녀는 외동이다.

She may be the only child.
그녀는 외동일지도 모른다. (추측)

They <u>are</u> rich and famous.

그들은 부자이며 유명하다.

They <u>may be</u> rich and famous.

그들은 부자이면서 유명할지도 모른다. (추측)

It <u>is</u> necessary.

필요하다.

It <u>may be</u> necessary.

필요할지도 모른다. (추측)

They <u>are</u> valuable.

그것들은 귀중하다.

They <u>may be</u> valuable.

그것들은 귀중할지도 모른다. (추측)

2. 'may + 일반 동사' 가 올 경우

| 주의 | 'may'는 동사 앞에서 '~ 일지 모른다'와 같이 '추측'에 대한 의미 혹은 '~해도 좋다'라는 '허용'의 의미로 사용된다.

I <u>go</u> to Europe.

나는 유럽 간다.

I <u>may go</u> to Europe.

나는 유럽으로 갈지도 모른다. (추측)

We <u>meet</u> in the street.
우리는 길에서 만난다.

We <u>may</u> <u>meet</u> in the street someday.
우리는 언젠가 길에서 만날지도 모른다. (추측)

You <u>go</u> to the theater.
너는 극장으로 간다.

You <u>may</u> <u>go</u> to the theater now.
너는 이제 극장으로 가도 좋다. (허용)

You <u>go</u> anywhere.
너희들은 어디든 간다.

You <u>may</u> <u>go</u> anywhere.
너희들은 어디든 가도 좋다. (허용)

He <u>says</u> no.
그는 아니라고 말한다.

He <u>may</u> <u>say</u> no.
그는 아니라고 말할지도 모른다. (추측)

She <u>needs</u> some help.
그녀는 도움이 필요하다.

She <u>may</u> <u>need</u> some help.
그녀는 도움이 필요할지도 모른다. (추측)

They <u>fight</u> again.
그들은 다시 싸운다.

They <u>may</u> <u>fight</u> again.
그들은 다시 싸울지도 모른다. (추측)

It may <u>freeze</u> tonight.
오늘 밤 기온이 영하다.

It <u>may</u> <u>freeze</u> tonight.
오늘 밤 기온이 영하가 될지도 모른다. (추측)

They <u>have</u> the name.
그것들은 이름이 있다.

They <u>may</u> <u>have</u> the name.
그것들은 이름이 있을지도 모른다. (추측)

(TIP) may 과 함께 알아두어야 하는 표현 (조동사)

*might 어쩌면 ~일지 모른다.	1. 'may'보다 더 자신이 없거나 일어날 확률이 더 희박한 추측일 경우 주로 사용한다. 2. 'might'는 '추측'의 경우에만 사용하며, '허용'의 의미는 없다. 3. 'may'와 마찬가지로 '추측'을 표현하는 조동사에 속한다.

I may go to Europe.
= 나는 유럽으로 갈지도 모른다.
  (일어날 가능성 51%인 경우의 추측)

I might go to Europe.
= 나는 어쩌면 유럽으로 갈지도 모른다.
  (일어날 가능성 49% 이하인 경우의 추측)

We may be right.
= 우리가 맞은 걸지도 모른다.
  (일어날 가능성 51%인 경우의 추측)

We might be right.
= 우리가 어쩌면 맞은 걸지도 모른다.
  (일어날 가능성 49%이하인 경우의 추측)

It may freeze tonight.
= 오늘 밤 기온이 영하가 될지도 모른다.
  (일어날 가능성 51%인 경우의 추측)

It might freeze tonight.
= 오늘 밤 어쩌면 기온이 영하가 될지도 모른다.
  (일어날 가능성 49% 이하인 경우의 추측)

다음 빈칸 안에 맞는 단어를 고르시오.

321 I (be / may am / may be) wrong.

_____

322 You (may be / may are / may) alone.

_____

323 He (be / may is / is) one of them.

_____

324 She (may / may is / may be) the only child.

_____

325 It (be / may be / may is) necessary.

_____

326 I (may / go / may go) go to Europe.

_____

327 We (meets / may / may meet) someday.

_____

328 You (may go / may / goes) now.

_____

329 He (say / may say / may) no.

_____

330 It (mays / freeze / may freeze) tonight.

_____

다음 문장에서 맞으면 O, 틀리면 X를 적고 맞게 고치시오.(may 사용)

331 We may are right. (   )
_____

332 You be busy with your homework. (   )
_____

333 He mays be one of them. (   )
_____

334 They may be rich and famous. (   )
_____

335 They may are valuable. (   )
_____

336 We meets someday. (   )
_____

337 You may go now. (   )
_____

338 You may anywhere. (   )
_____

339 She may needs some help. (   )
_____

340 They may fight again. (   )
_____

다음 빈칸 안에 맞는 단어를 고르시오.

321 I (be / may am / may be) wrong.

_____

322 You (may be / may are / may) alone.

_____

323 He (be / may is / is) one of them.

_____

324 She (may / may is / may be) the only child.

_____

325 It (be / may be / may is) necessary.

_____

326 I (may / go / may go) go to Europe.

_____

327 We (meets / may / may meet) someday.

_____

328 You (may go / may / goes) now.

_____

329 He (say / may say / may) no.

_____

330 It (mays / freeze / may freeze) tonight.

_____

다음 문장에서 맞으면 O, 틀리면 X를 적고 맞게 고치시오.(may 사용)

331 We <u>may are</u> right. (X)

<u>may be</u>

332 You <u>be</u> busy with your homework. (X)

<u>may be</u>

333 He <u>mays be</u> one of them. (X)

<u>may be</u>

334 They may be rich and famous. (O)

335 They <u>may are</u> valuable. (X)

<u>may be</u>

336 We <u>meets</u> someday. (X)

<u>may meet</u>

337 You may go now. (O)

338 You <u>may</u> anywhere. (X)

<u>may go</u>

339 She <u>may needs</u> some help. (X)

<u>may need</u>

340 They may fight again. (O)

18강. [서술어 자리에는 무엇이 올까?]

주어 + 서술어[조동사(must)+be동사/일반동사]

• 용어정리 •

조동사 동사 앞에서 동사의 의미를 도와주는 동사

POINT 1. 조동사 중 '의무'를 나타내거나 '강한 추측'을 의미하는 조동사로 'must'가 있다.
　　　　① 우선 '의무'로 해석한다.
　　　　② 어색하면 '강한 추측'으로 해석한다.
　　　　　- 'must be'는 주로 '강한 추측'이다.
　　　2. 조동사 'must'는 주어의 인칭이나 수에 영향을 받지 않는다.
　　　3. 조동사 'must' 다음에 동사는 무조건 동사 원형이 온다. be동사는 'be'로 쓴다.

<조동사 위치>

주어 + | must | + | be / 일반동사의 원형 |
　　　　조동사　　　　조동사 뒤에 위치하는 동사는 무조건 원형

1. 'must + be 동사' 가 올 경우

| **주의** | 'must'는 '반드시 ~해야 한다.'로 해석하고, 그 해석이 어색하면 '~것이 틀림없다.'라는 '강한 추측'으로 해석한다.

I am crazy.

내가 미쳤네.

I must be crazy.

나는 미친 것이 틀림없다. (강한 추측)

We <u>are</u> careful.

우리는 조심한다.

We <u>must</u> <u>be</u> careful.

우리는 반드시 조심해야 한다. (의무)

You <u>are</u> hungry.

너는 배고프다.

You <u>must</u> <u>be</u> hungry.

너는 배고픈 것이 틀림없다. (강한 추측)

You <u>are</u> joking.

너희들은 농담을 하고 있다.

You <u>must</u> <u>be</u> joking.

너희들은 농담을 하고 있는 것이 틀림없다. (강한 추측)

He <u>is</u> 70.

그는 70살이다.

He <u>must</u> <u>be</u> 70.

그는 70살인 것이 틀림없다. (강한 추측)

She <u>is</u> shy.

그녀는 수줍어한다.

She <u>must be</u> shy.

그녀는 수줍어하는 것이 틀림없다. (강한 추측)

They <u>are</u> happy.

그들은 행복하다.

They <u>must</u> be happy.

그들은 행복한 것이 틀림없다. (강한 추측)

It <u>is</u> here.

그것은 여기에 있다.

It <u>must be</u> here.

그것은 여기에 있는 것이 틀림없다. (강한 추측)

They <u>are</u> dangerous.

그것들은 위험하다.

They <u>must be</u> dangerous.

그것들은 위험한 것이 틀림없다. (강한 추측)

2. 'must + 일반동사' 가 올 경우

I stay here.

나는 여기 머문다.

I must stay here.

나는 반드시 여기에 머물러야 한다. (의무)

We keep the law.

우리는 법을 지킨다.

We must keep the law.

우리는 반드시 법을 지켜야 한다. (의무)

You study hard.

너는 열심히 공부한다.

You must study hard.

너는 반드시 열심히 공부해야 한다. (의무)

You carry ID.

너희들은 신분증을 가지고 다닌다.

You must carry ID.

너희들은 반드시 신분증을 가지고 다녀야 한다. (의무)

He <u>makes</u> money.

그는 돈을 번다.

He <u>must</u> <u>make</u> money.

그는 반드시 돈을 벌어야 한다. (의무)

She <u>pays</u> her rent.

그녀는 임대료를 지불한다.

She <u>must</u> <u>pay</u> her rent.

그녀는 반드시 임대료를 지불해야 한다. (의무)

They <u>know</u> the rules.

그들은 규칙을 알고 있다.

They <u>must</u> <u>know</u> the rules.

그들은 반드시 규칙을 알아야 한다. (의무)

It <u>tastes</u> good.

맛이 좋다.

It <u>must</u> <u>taste</u> good.

맛이 좋아야 한다. (의무)

They <u>like</u> my blood.

그것들은 내 피를 좋아한다.

They <u>must</u> <u>like</u> my blood.

그것들은 내 피를 좋아하는 게 틀림없다. (강한 추측)

(TIP) '추측'과 관련된 조동사 총정리

(주로 be동사와 함께 쓰일 때 추측으로 많이 표현된다.)

*can be ~할 수 있다.

He <u>can be</u> helpful.	그는 도움이 될 수 있다. (가능성)

*might be 어쩌면 ~ 할지 모른다.

He <u>might be</u> helpful.	그는 어쩌면 도움이 될지 모른다. (49% 이하인 경우의 추측)

*may be ~할지 모른다.

He <u>may be</u> helpful.	그는 도움이 될지 모른다. (51%인 경우의 추측)

*must be ~임에 틀림없다.

He <u>must be</u> helpful.	그는 도움이 되는 게 틀림없다. (90% 이상인 경우의 추측)

다음 빈칸 안에 틀린 단어를 고르시오.

341 I (am / be / must be) crazy.

_____

342 You (must be / are / must are) hungry.

_____

343 He (is / be / must be) 70.

_____

344 She (is / must is / must be) shy.

_____

345 It (is / must / must be) here.

_____

346 We (keep / must keep / keeps) the law.

_____

347 You (carry / must carry / must) ID.

_____

348 He (must make / make / makes) money.

_____

349 They (know / must / must know) the rules.

_____

350 It (taste / must taste / tastes) good.

_____

다음 문장에서 맞으면 O, 틀리면 X를 적고 맞게 고치시오.(must 사용)

351 We must are careful. (　　)

_____

352 You must being joking. (　　)

_____

353 He must be 70. (　　)

_____

354 They must are happy. (　　)

_____

355 They are must dangerous. (　　)

_____

356 I must here. (　　)

_____

357 You must be study hard. (　　)

_____

358 She must pays her rent. (　　)

_____

359 It must tastes good. (　　)

_____

360 They must like my blood. (　　)

_____

다음 빈칸 안에 틀린 단어를 고르시오.

341 I (am / be / must be) crazy.

342 You (must be / are / must are) hungry.

343 He (is / be / must be) 70.

344 She (is / must is / must be) shy.

345 It (is / must / must be) here.

346 We (keep / must keep / keeps) the law.

347 You (carry / must carry / must) ID.

348 He (must make / make / makes) money.

349 They (know / must / must know) the rules.

350 It (taste / must taste / tastes) good.

다음 문장에서 맞으면 O, 틀리면 X를 적고 맞게 고치시오.(must 사용)

351 We must are careful. (X)

must be

352 You must being joking. (X)

must be

353 He must be 70. (O)

354 They must are happy. (X)

must be

355 They are must dangerous. (X)

must be

356 I must here. (X)

must be

357 You must be study hard. (X)

must study

358 She must pays her rent. (X)

must pay

359 It must tastes good. (X)

must taste

360 They must like my blood. (O)

19강. [서술어 자리에는 무엇이 올까?]

주어 + 서술어[조동사(should)+be동사/일반동사]

• 용어정리 •

조동사 동사 앞에서 동사의 의미를 도와주는 동사

POINT 1. 조동사 중 '조언, 충고' 또는 '의무'를 의미하는 조동사로 'should'가 있다.
2. 조동사 'should'는 주어의 인칭이나 수에 영향을 받지 않는다.
3. 조동사 'should' 다음에 동사는 무조건 동사 원형이 온다. be동사는 'be'로 쓴다.

<조동사 위치>

$$주어 \ + \ \boxed{should} \ + \ \boxed{be \ / \ 일반동사의 \ 원형}$$

조동사   조동사 뒤에 위치하는 동사는 무조건 원형

1. 'should + be 동사'가 오는 경우

| 주의 | 'should'는 조언이나 충고의 의미로 '~ 해야 한다'의 의미를 나타내며 'must'보다는 다소 의미가 약하다.

I <u>am</u> careful.

나는 조심한다.

I <u>should</u> <u>be</u> careful.

나는 조심해야 한다. (의무)

We <u>are</u> there.
우리는 거기에 있다.

We <u>should be</u> there by noon.
우리는 정오까지 거기에 가야 한다. (의무)

You <u>are</u> nice to her.
너는 그녀에게 잘한다.

You <u>should be</u> nice to her.
너는 그녀에게 잘해야 한다. (조언/충고)

You <u>are</u> quiet.
너희들은 조용하다.

You <u>should be</u> quiet.
너희들은 조용히 해야 한다. (조언/충고)

He <u>is</u> back.
그가 돌아왔다.

He <u>should be</u> back.
그는 돌아와야 한다. (조언/충고)

She <u>is</u> here.

그녀가 여기에 있다.

She <u>should be</u> here.

그녀는 여기에 있어야 한다. (조언/충고)

They <u>are</u> proud of him.

그들은 그를 자랑스럽게 생각한다.

They <u>should be</u> proud of him.

그들은 그를 자랑스럽게 생각해야 한다. (조언/충고)

It <u>is</u> helpful.

도움이 된다.

It <u>should be</u> helpful.

도움이 되어야 한다. (조언/충고)

They <u>are</u> ready.

그것들은 준비가 되어 있다.

They <u>should be</u> ready by Friday.

그것들은 금요일까지 준비되어야 한다. (조언/충고)

2. 'should + 일반동사'가 오는 경우

I finish it.

나는 그것을 끝냈다.

I should finish it by 12.

나는 12시까지 그것을 끝내야 한다. (의무)

We see a doctor.

우리는 진찰을 받는다.

We should see a doctor.

우리는 진찰을 받아야 한다. (의무)

You get some rest.

너는 휴식을 가진다.

You should get some rest.

너는 휴식을 좀 가져야 한다. (조언/충고)

You get some sleep.

너희들은 잠을 잔다.

You should get some sleep.

너희들은 잠을 좀 자야 한다. (조언/충고)

He <u>quits</u> smoking.
그는 담배를 끊는다.

He <u>should</u> <u>quit</u> smoking.
그는 담배를 끊어야 한다. (조언/충고)

She <u>stays</u> in the room.
그녀는 그 방에 머문다.

She <u>should</u> <u>stay</u> in the room.
그녀는 그 방에 머물러야 한다. (조언/충고)

They <u>keep</u> secret.
그들은 비밀을 지킨다.

They <u>should</u> <u>keep</u> secret.
그들은 비밀을 지켜야 한다. (조언/충고)

It <u>arrives</u> by Sunday.
그것이 일요일까지 도착한다.

It <u>should</u> <u>arrive</u> by Sunday.
그것은 일요일까지 도착해야 한다. (조언/충고)

They <u>fit</u> you.
그것들은 너에게 맞는다.

They <u>should</u> <u>fit</u> you.
그것들은 너에게 딱 맞아야 한다. (조언/충고)

(TIP) 'should'와 함께 알아 두어야 하는 '조언, 충고'와 관련된 표현 (조동사)

*should ~해.	1. 도덕적 '조언'이나 부드러운 '충고'를 의미하는 조동사이다. 2. 경우에 따라서는 가장 약한 '의무'의 의미를 표현하기도 한다.

You <u>should</u> quit smoking.

= 너는 담배를 끊어야 해.

*ought to 꼭 ~해라.	1. '조언'이나 '충고'의 의미로 사용되며 'should' 보다는 도덕적 책임이나 의미가 더 강조된다. 2. 조금 더 공식적인 표현이며, 실생활에서 많이 사용하지는 않는다. 조동사이다.

You <u>ought to</u> quit smoking.

= 너는 꼭 담배를 끊어라.

*had better ~하는 게 좋겠어.	1. '강한 경고'나 '조언'을 나타내며, 만약 충고한 대로 하지 않으면 나쁜 결과를 초래할 것이라는 뉘앙스를 나타낸다. 2. 앞의 'had'는 과거형이 아니므로 해석에 주의한다.

You <u>had better</u> quit smoking.

= 너는 담배를 끊는 게 좋겠어. (그렇지 않으면 ~될 거야.)

다음 빈칸 안에 틀린 단어를 고르시오.

361 I (am / should / should be) careful.

_____

362 You (are / should / should be) nice to her.

_____

363 He (is / should be / be) back.

_____

364 She (be / is / should be) here.

_____

365 They (are / should are / should be) proud of him.

_____

366 I (will finish/ should finish / should be) it by 12.

_____

367 You (get / should get / should be) some rest.

_____

368 He (should / should quit / will quit) smoking.

_____

369 They (keep / should keep / should be) secret.

_____

370 It (will arrive / should arrive / arrive) by Sunday.

다음 문장에서 맞으면 O, 틀리면 X를 적고 맞게 고치시오.(should 사용)

371 We should there by noon. ( )

_____

372 You should are quiet. ( )

_____

373 He should is back. ( )

_____

374 It should be helpful. ( )

_____

375 They should ready by Friday. ( )

_____

376 We should see a doctor. ( )

_____

377 You get should some sleep. ( )

_____

378 She stay in the room. ( )

_____

379 It arrive by Sunday. ( )

_____

380 They should fits you. ( )

_____

다음 빈칸 안에 틀린 단어를 고르시오.

361 I (am / should / should be) careful.

_____

362 You (are / should / should be) nice to her.

_____

363 He (is / should be / be) back.

_____

364 She (be / is / should be) here.

_____

365 They (are / should are / should be) proud of him.

_____

366 I (will finish/ should finish / should be) it by 12.

_____

367 You (get / should get / should be) some rest.

_____

368 He (should / should quit / will quit) smoking.

_____

369 They (keep / should keep / should be) secret.

_____

370 It (will arrive / should arrive / arrive) by Sunday.

_____

다음 문장에서 맞으면 O, 틀리면 X를 적고 맞게 고치시오.(should 사용)

371 We should there by noon. (X)

should be
_____

372 You should are quiet. (X)

should be
_____

373 He should is back. (X)

should be
_____

374 It should be helpful. (O)

_____

375 They should ready by Friday. (X)

should be
_____

376 We should see a doctor. (O)

_____

377 You get should some sleep. (X)

should get
_____

378 She stay in the room. (X)

should stay
_____

379 It arrive by Sunday. (X)

should arrive
_____

380 They should fits you. (X)

should fit
_____

20강. [서술어 자리에는 무엇이 올까?]

주어 + 서술어[조동사(have to)+be동사/일반동사]

• 용어정리 •

조동사 동사 앞에서 동사의 의미를 도와주는 동사

POINT 1. 조동사 중 '의무'나 '강력한 권고'를 의미하는 조동사로 'have to'가 있다.
2. 조동사 'have to'는 주어의 인칭이나 수에 영향을 받는다.
3. 조동사 'have to' 다음에 동사는 무조건 동사 원형이 온다. be동사는 'be'로 쓴다.

<조동사 위치>

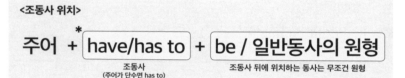

1. 'have to + be 동사' 가 오는 경우

| 주의 | 'have to'는 '의무' 외에도 '강력한 권고'의 의미로 '~ 해야 한다'의 의미를 나타내며 실제 회화에서 많이 쓴다. 'have to'는 예외적으로 '주어'의 인칭과 수를 따른다.

I <u>am</u> in the office.

나는 그 사무실에 있다.

I <u>have to</u> <u>be</u> in the office by 11.

나는 11시까지 그 사무실에 도착해야 한다. (의무)

We <u>are</u> careful.

우리는 조심한다.

We <u>have to</u> <u>be</u> careful.

우리는 조심해야 한다. (의무)

You <u>are</u> smart.

너는 똑똑하다.

You <u>have to</u> <u>be</u> smart.

너는 머리를 써야 한다. (강력한 권고/의무)

You <u>are</u> back.

너희들이 돌아왔다.

You <u>have to</u> <u>be</u> back.

너희들은 돌아와야 한다. (강력한 권고/의무)

He <u>is</u> kind.

그는 친절하다.

He <u>has to</u> <u>be</u> kind.

그는 친절해야 한다. (강력한 권고/의무)

She is responsible.
그녀는 책임감이 있다.

She has to be responsible.
그녀는 책임감이 있어야 한다. (강력한 권고/의무)

They are polite.
그들은 공손하다.

They have to be polite.
그들은 공손해야 한다. (강력한 권고/의무)

It is better.
더 좋아지고 있다.

It has to be better.
더 좋아져야 한다. (강력한 권고/의무)

They are strong.
그것들은 튼튼하다.

They have to be strong.
그것들은 튼튼해야 한다. (강력한 권고/의무)

2. 'have to + 일반 동사' 가 오는 경우

| 주의 | 'have to'는 '의무' 외에도 '강력한 권고'의 의미로 '~ 해야 한다'의 의미를 나타내며 실제 회화상에서 많이 쓴다. 'have to'는 예외적으로 '주어'의 인칭과 수를 따른다.

I <u>drive</u> tonight.
나는 오늘 밤 운전을 한다.

I <u>have to</u> <u>drive</u> tonight.
나는 오늘 밤 운전을 해야 한다. (의무)

We <u>make</u> plans.
우리는 계획을 세운다.

We <u>have to</u> <u>make</u> plans.
우리는 계획을 세워야 한다. (의무)

You <u>wait</u> for your friend.
너는 네 친구를 기다린다.

You <u>have to</u> <u>wait</u> for your friend.
너는 네 친구를 기다려야 한다. (강력한 권고/의무)

You <u>take</u> the bus.
너희들은 버스를 탄다.

You <u>have to</u> <u>take</u> the bus.
너희들은 버스를 타야 한다. (강력한 권고/의무)

He visits them.

그는 그들을 방문한다.

He has to visit them.

그는 그들을 방문해야 한다. (강력한 권고/의무)

She works late.

그녀는 늦게 일한다.

She has to work late.

그녀는 늦게까지 일해야 한다. (강력한 권고/의무)

They get up at 7.

그들은 7시에 일어난다.

They have to get up at 7.

그들은 7시에 일어나야 한다. (강력한 권고/의무)

It arrives here.

그것은 여기 도착한다.

It has to arrive here by 7.

그것은 여기에 7시까지 도착해야 한다. (강력한 권고/의무)

They live outside.

그것들은 밖에서 산다.

They have to live outside.

그것들은 밖에서 살아야 한다. (강력한 권고/의무)

(TIP) '의무'와 관련된 조동사 총정리

* should (~해야 한다.) : 도덕적이거나 관습적인 의무

You should save your money.	너는 네 돈을 아껴야 한다.

*have to (~해야 한다.) : 'should'보다 외부적인 요인을 감안해야 하는 의무

I have to do my homework.	나는 숙제를 해야 한다.

*must (반드시 ~해야 한다.) : 규칙, 법, 규율을 감안한 의무

You must be quiet in the library.	도서관에서는 조용히 해야 한다.

다음 빈칸 안에 틀린 단어를 고르시오.

381 I (will be / should be / has to be) there by 11.

_____

382 We (have to be / are / be) careful.

_____

383 You (are / has to be / have to be) back.

_____

384 He (has / is / has to be) kind.

_____

385 They (have / should be / have to be) polite.

_____

386 We (are / will / have to) make plans.

_____

387 You (can / should / have) wait for your friend.

_____

388 You (may / have / will) take the bus.

_____

389 He (is / has to / will) visit them.

_____

390 They (have / should / must) get up at 7.

_____

다음 문장에서 맞으면 O, 틀리면 X를 적고 맞게 고치시오.(have to 사용)

391 You have be smart. (   )

_____

392 He have to be kind. (   )

_____

393 She have to be responsible. (   )

_____

394 It have to be better. (   )

_____

395 They have be strong. (   )

_____

396 I have to drive. (   )

_____

397 He has visit them. (   )

_____

398 She have to work late. (   )

_____

399 It have arrive here by 7. (   )

_____

400 They have to live outside. (   )

_____

다음 빈칸 안에 틀린 단어를 고르시오.

381 I (will be / should be / has to be) there by 11.

382 We (have to be / are / be) careful.

383 You (are / has to be / have to be) back.

384 He (has / is / has to be) kind.

385 They (have / should be / have to be) polite.

386 We (are / will / have to) make plans.

387 You (can / should / have) wait for your friend.

388 You (may / have / will) take the bus.

389 He (is / has to / will) visit them.

390 They (have / should / must) get up at 7.

다음 문장에서 맞으면 O, 틀리면 X를 적고 맞게 고치시오.(have to 사용)

391 You have be smart. (X)
___have to be___

392 He have to be kind. (X)
___has to be___

393 She have to be responsible. (X)
___has to be___

394 It have to be better. (X)
___has to be___

395 They have be strong. (X)
___have to be___

396 I have to drive. (O)
_____

397 He has visit them. (X)
___has to visit___

398 She have to work late. (X)
___has to work___

399 It have arrive here by 7. (X)
___has to arrive___

400 They have to live outside. (O)
_____

PASSPORT1

다음 명사의 복수형을 바르게 쓰시오.

001 book

_____

002 cat

_____

003 computer

_____

004 bus

_____

005 box

_____

006 dish

_____

007 bench

_____

008 city

_____

009 lady

_____

010 boy

_____

다음 명사의 단수/복수형을 바르게 쓰시오.

011 물 한 컵 (cup/water)

___

012 물 두 컵 (cup/water)

___

013 주스 한 잔 (glass/juice)

___

014 주스 두 잔 (glass/juice)

___

015 우유 한 갑 (carton/milk)

___

016 설탕 두 스푼 (spoonful/sugar)

___

017 쌀 두 봉지 (bag/rice)

___

018 종이 한 장 (sheet/paper)

___

019 빵 한 덩어리 (loaf/bread)

___

020 치즈 두 조각 (piece/cheese)

___

다음 명사의 복수형을 바르게 쓰시오.

001 book

books

002 cat

cats

003 computer

computers

004 bus

buses

005 box

boxes

006 dish

dishes

007 bench

benches

008 city

cities

009 lady

ladies

010 boy

boys

다음 명사의 단수/복수형을 바르게 쓰시오.

011 물 한 컵 (cup/water)

a cup of water

012 물 두 컵 (cup/water)

two cups of water

013 주스 한 잔 (glass/juice)

a glass of juice

014 주스 두 잔 (glass/juice)

two glasses of juice

015 우유 한 갑 (carton/milk)

a carton of milk

016 설탕 두 스푼 (spoonful/sugar)

two spoonfuls of sugar

017 쌀 두 봉지 (bag/rice)

two bags of rice

018 종이 한 장 (sheet/paper)

a sheet of paper

019 빵 한 덩어리 (loaf/bread)

a loaf of bread

020 치즈 두 조각 (piece/cheese)

two pieces of cheese

다음 빈 칸에 들어갈 알맞은 단어를 고르시오.

021 책 한 권이 교실에 있다.

(a book / A book / Books) is in the classroom.

022 차 두 대가 주차장에 있다.

(A car / Cars / Two cars) are in the parking lot.

023 버스들이 여기 정차한다.

(A bus / Buses / Busis) stop here.

024 숙녀 둘이서 웃고 있다.

(Two lady / Two ladys / Two ladies) are smiling.

025 소년들이 뛰고 있다.

(Boys / Boies / Boyes) are running.

026 사랑은 모든 것을 바꾼다.

(A love / Loves / Love) changes everything.

027 자유는 공짜가 아니다.

(freedom / Freedom / A freedom) is not free.

028 물 한 컵이 식탁 위에 있다.

(a water / A cup of water / A cups of water) is on the table.

029 치즈 한 조각이 접시 위에 있다.

(A cheese / A cup of cheese / A piece of cheese) is on the plate.

030 고기 두 조각이 접시에 있다.

(Two meats / Two pieces of meats / Two pieces of meat) are on the dish.

다음 문장 중 틀린 주어를 바르게 고치시오.

031 <u>a bag</u> is in the classroom.

_____

032 <u>Busis</u> stop here.

_____

033 <u>A Boxes</u> are at the door.

_____

034 <u>Two lady</u> are smiling.

_____

035 <u>Three babys</u> see each other.

_____

036 <u>Two bottle of beers</u> are in the shop.

_____

037 <u>A carton of milks</u> is in the living room.

_____

038 <u>Two pound of sugar</u> are in the kitchen.

_____

039 <u>Three papers</u> are in the folder.

_____

040 <u>A pieces of meat</u> is in the dish.

_____

다음 빈 칸에 들어갈 알맞은 단어를 고르시오.

021 책 한 권이 교실에 있다.

(a book / A book / Books) is in the classroom.

022 차 두 대가 주차장에 있다.

(A car / Cars / Two cars) are in the parking lot.

023 버스들이 여기 정차한다.

(A bus / Buses / Busis) stop here.

024 숙녀 둘이서 웃고 있다.

(Two lady / Two ladys / Two ladies) are smiling.

025 소년들이 뛰고 있다.

(Boys / Boies / Boyes) are running.

026 사랑은 모든 것을 바꾼다.

(A love / Loves / Love) changes everything.

027 자유는 공짜가 아니다.

(freedom / Freedom / A freedom) is not free.

028 물 한 컵이 식탁위에 있다.

(a water / A cup of water / A cups of water) is on the table.

029 치즈 한 조각이 접시 위에 있다.

(A cheese / A cup of cheese / A piece of cheese) is on the plate.

030 고기 두 조각이 접시에 있다.

(Two meats / Two pieces of meats / Two pieces of meat) are on the dish.

다음 문장 중 틀린 주어를 바르게 고치시오.

031 a bag is in the classroom.

A bag

032 Busis stop here.

Buses

033 A Boxes are at the door.

Boxes

034 Two lady are smiling.

Two ladies

035 Three babys see each other.

Three babies

036 Two bottle of beers are in the shop.

Two bottles of beer

037 A carton of milks is in the living room.

A carton of milk

038 Two pound of sugar are in the kitchen.

Two pounds of sugar

039 Three papers are in the folder.

Three sheets of paper

040 A pieces of meat is in the dish.

A piece of meat

다음 빈 칸에 알맞은 관사를 고르시오.

041 한 개의 오렌지

(a / an / the) orange

042 바로 그 연필

(a / an / the) pencil

043 한 시간

(a / an / the) hour

044 한 개의 우산

(a / an / the) umbrella

045 하나의 MBA 석사

(a / an / the) MBA

046 단어 하나

(a / an / the) word

047 ID 한 개

(a / an / the) ID

048 바로 그 아이디어

(a / an / the) idea

049 달걀 한 개

(a / an / the) egg

050 일 년

(a / an / the) year

다음 문장 중 틀린 단어를 바르게 고치시오.

051 A dog is my favorite animal.

---

052 A egg is in the box.

---

053 A umbrella is in the bag.

---

054 A hour has sixty minutes.

---

055 An year has twelve months.

---

056 Pen on the desk is red.

---

057 Flower bloom in the spring.

---

058 Dog in the playground is barking.

---

059 Open a door.

---

060 Look at window.

다음 빈 칸에 알맞은 관사를 고르시오.

041 한 개의 오렌지
(a / **an** / the) orange

042 바로 그 연필
(a / an / **the**) pencil

043 한 시간
(a / **an** / the) hour

044 한 개의 우산
(a / **an** / the) umbrella

045 하나의 MBA 석사
(a / **an** / the) MBA

046 단어 하나
(**a** / an / the) word

047 ID 한 개
(a / **an** / the) ID

048 바로 그 아이디어
(a / an / **the**) idea

049 달걀 한 개
(a / **an** / the) egg

050 일 년
(**a** / an / the) year

다음 문장 중 틀린 단어를 바르게 고치시오.

051 A dog is my favorite animal.

Dog

052 A egg is in the box.

An egg

053 A umbrella is in the bag.

An umbrella

054 A hour has sixty minutes.

An hour

055 An year has twelve months.

A year

056 Pen on the desk is red.

The pen

057 Flower bloom in the spring.

Flowers

058 Dog in the playground is barking.

The dog

059 Open a door.

the door

060 Look at window.

the window

PASSPORT1

다음 빈 칸에 알맞은 대명사를 고르시오.

061 (I / We / He) eats breakfast.

_____

062 (It / He / We) need the book.

_____

063 (He / She / They) are in the street.

_____

064 (He / She / They) make the cake.

_____

065 (He / I / Joe and I) drinks beer.

_____

066 (This / These / They) is the book.

_____

067 (They / Those / It) is my style.

_____

068 (This / These / It) are my friends.

_____

069 (This / These / Those) is John.

_____

070 (That / Those / It) are my clients.

_____

다음 문장 중 틀린 단어를 바르게 고치시오.

071 You cars are I the parking lot.

_____

072 She clients come in the morning.

_____

073 I friends are in on the bus.

_____

074 You sister makes the cake every weekend.

_____

075 They uncles speak English.

_____

076 A my book is on the desk.

_____

077 Your car are in the parking lot.

_____

078 My client come in the morning.

_____

079 Their brothers drinks coffee in the morning.

_____

080 Their friend are in on the bus.

_____

PASSPORT1

다음 빈 칸에 알맞은 대명사를 고르시오.

061 (I / We / He) eats breakfast.

_____

062 (It / He / We) need the book.

_____

063 (He / She / They) are in the street.

_____

064 (He / She / They) make the cake.

_____

065 (He / I / Joe and I) drinks beer.

_____

066 (This / These / They) is the book.

_____

067 (They / Those / It) is my style.

_____

068 (This / These / It) are my friends.

_____

069 (This / These / Those) is John.

_____

070 (That / Those / It) are my clients.

_____

다음 문장 중 틀린 단어를 바르게 고치시오.

071 You cars are I the parking lot.
Your cars

072 She clients come in the morning.
Her clients

073 I friends are in on the bus.
My friends

074 You sister makes the cake every weekend.
Your sister

075 They uncles speak English.
Their uncles

076 A my book is on the desk.
My book

077 Your car are in the parking lot.
Your cars

078 My client come in the morning.
My clients

079 Their brothers drinks coffee in the morning.
Their brother

080 Their friend are in on the bus.
Their friends

다음 빈칸에 알맞은 be동사를 고르시오.

081 The car (is / are) red.

_____

082 A student (is / are) in the classroom.

_____

083 Time (is / are) money.

_____

084 A cup of coffee (is / are) 3 dollars.

_____

085 Three bottles of beer (is / are) in the box.

_____

086 I (am / are / is) in the library.

_____

087 We (am / are / is) in the classroom.

_____

088 You (am / are / is) in Korea.

_____

089 She (am / are / is) in Seoul.

_____

090 They (am / are / is) expensive.

_____

다음 빈칸에 알맞은 동사를 고르시오.

091 Our students (study / studies) English.

_____

092 She (work / works) in my office.

_____

093 Her mother (buy / buys) some flowers.

_____

094 The man (wash / washes) his hands in the restroom.

_____

095 The baby (cry / cries) every morning.

_____

096 It (be / will is / will be) okay.

_____

097 He (can / read / can read) the magazine.

_____

098 He (must make / make / must makes) money.

_____

099 He (should / should quits / should quit) smoking.

_____

100 He (is / have to / has to) visit them.

_____

다음 빈칸에 알맞은 be동사를 고르시오.

081 The car (is / are) red.

_____

082 A student (is / are) in the classroom.

_____

083 Time (is / are) money.

_____

084 A cup of coffee (is / are) 3 dollars.

_____

085 Three bottles of beer (is / are) in the box.

_____

086 I (am / are / is) in the library.

_____

087 We (am / are / is) in the classroom.

_____

088 You (am / are / is) in Korea.

_____

089 She (am / are / is) in Seoul.

_____

090 They (am / are / is) expensive.

_____

다음 빈칸에 알맞은 동사를 고르시오.

091 Our students (study / studies) English.

_____

092 She (work / works) in my office.

_____

093 Her mother (buy / buys) some flowers.

_____

094 The man (wash / washes) his hands in the restroom.

_____

095 The baby (cry / cries) every morning.

_____

096 It (be / will is / will be) okay.

_____

097 He (can / read / can read) the magazine.

_____

098 He (must make / make / must makes) money.

_____

099 He (should / should quits / should quit) smoking.

_____

100 He (is / have to / has to) visit them.

_____

* 물질명사에 붙는 단위 총정리

물질명사 단위		의미
액체류	a cup of	한 잔 (뜨거운 음료를 담는 컵)
	a glass of	한 잔 (차가운 음료를 담는 컵)
	a bottle of	한 병 (일반적인 유리병)
	a carton of	한 갑 (음식,음료를 담는 통)
분말류	a spoonful of	한 숟가락, 한 스푼
	a handful of	한 줌
	a pound of	1 파운드
	a bag of	한 봉지
종이류	a sheet of	한 장
	a piece of	한 장 (종이에도 사용)
고체류	a piece of	한 조각 (자르거나 나눈 부분)
	a slice of	한 조각 (칼로 얇게 썬 조각)
	a loaf of	한 덩어리
	a bar of	한 개 (비누나 금을 세는 단위)

* 주격 인칭대명사와 함께 오는 be 동사

인칭대명사(단수)	be동사	
I (나는)	am	
You (너는)	are	
He (그는)	is	~이다. /~있다.
She (그녀는)	is	
It (그것은)	is	
인칭대명사(복수)	be동사	
We (우리는)	are	
You (너희들은)	are	~이다. /~있다.
They (그들은)	are	
They (그것들은)	are	

속성 암기 노트

* 인칭대명사

주격 (단수)	소유격	목적격	주격 (복수)	소유격	목적격
I 나는	my 나의	me 나를 /나에게	We 우리는	our 우리의	us 우리를 /우리에게
You 너는	your 너의	you 너를 /너에게	You 너희들은	your 너희들의	you 너희들을 /너희에게
He 그는	his 그의	him 그를 /그에게	They 그들은	their 그들의	them 그들을 /그들에게
She 그녀는	her 그녀의	her 그녀를 /그녀에게			
It 그것은	its 그것의	it 그것을	They 그것들은	their 그것들의	them 그것들을

* 기초편에 필요한 일반동사 총정리

동사	3인칭 주어일 때 동사 변화	의미
answer	answers	대답하다
arrive	arrives	도착하다
ask	asks	묻다, 질문하다
bark	barks	짖다
become	becomes	~이 되다
believe	believes	믿다
bring	brings	가져오다
buy	buys	사다
call	calls	부르다, 전화하다
carry	carries	옮기다, 몸에 지니다
catch	catches	잡다
change	changes	바꾸다, 변하다
close	closes	닫다

come	comes	오다
cook	cooks	요리하다
copy	copies	복사하다
cry	cries	울다
do	does	~를 하다
drink	drinks	마시다
drive	drives	운전하다
eat	eats	먹다
enjoy	enjoys	즐기다
fight	fights	싸우다
feel	feels	느끼다
finish	finishes	끝내다, 완성하다
fit	fits	~에 딱 맞다
fix	fixes	수선하다, 고치다
fly	flies	날다, 비행하다

freeze	freezes	얼다, 얼리다
get	gets	얻다
give	gives	주다
go	goes	가다
have	has	가지고 있다
happen	happens	발생하다
keep	keeps	유지하다
kiss	kisses	키스하다
know	knows	알다
learn	learns	배우다, 학습하다
leave	leaves	떠나다, 남겨놓다
like	likes	좋아하다
live	lives	살다
look	looks	~처럼 보이다
love	loves	사랑하다

make	makes	만들다
marry	marries	결혼하다
meet	meets	만나다
miss	misses	놓치다, 그리워하다
mix	mixes	뒤섞다
move	moves	움직이다, 이동하다
name	names	이름 짓다
need	needs	필요로 하다
offer	offers	제안하다
open	opens	열다
order	orders	주문하다
pass	passes	통과하다, 지나치다
pay	pays	지불하다, 돈내다
play	plays	놀다, 연주하다
quit	quits	그만두다, 삼가다

rain	rains	비오다
read	reads	읽다
save	saves	구하다, 저축하다
say	says	말하다
see	sees	보다
seem	seems	~처럼 보이다
send	sends	보내다
show	shows	보여주다
sing	sings	노래부르다
sit	sits	앉다
sleep	sleeps	잠들다
smell	smells	냄새나다
snow	snows	눈오다
sound	sounds	~처럼 들리다
speak	speaks	말하다

stay	stays	머물다
study	studies	공부하다
take	takes	가져가다
talk	talks	이야기하다, 말하다
taste	tastes	맛이 나다
teach	teaches	가르치다
tell	tells	말하다
thank	thanks	감사하다
try	tries	시도하다
turn	turns	돌다, 회전하다
visit	visits	방문하다
wait	waits	기다리다
want	wants	원하다
wash	washes	닦다
watch	watches	보다, 시청하다

wear	wears	옷을 입다
work	works	일하다
write	writes	쓰다